ファシリテート

のうまい先生が実は必ずやっている

「問いかけ」の習慣

片山紀子 編著

明治図書

はじめに

教師は毎日の授業でファシリテートを行っています。とはいえ、口で言うほど簡単ではないのが、ファシリテートです。

子どもに問いかけることがその基本ですが、教室を覗くと、子どもに問いかけているように見えて、問いかけたことを教師が自分で引き取り、そのまま話し続けている場面を見かけることがよくあります。つまり、問いかけているつもりになっているだけで、本当は問いかけていないのです。

教師として子どもと共に過ごす期間は、1年から3年程度と短いのかもしれません。ただ、担任を終えた後も、卒業式を終えてからも、その子ども達の人生はずっと続きます。彼らが懸命に、しかも逞《たくま》しくこれからの時代を生きていけるように、どうしたいのかを、彼らに問いかけることが教師には求められています。

そのため本書は、授業における問いかけだけでなく、学校のあらゆる場面での問いかけを想定し、構成しています。その際、参考にしたのが、オランダの学校です。筆者自身（片山）は比較教育学が専門で、アメリカを研究の基盤にしています。そのアメリカについても、オランダについても、文化的背景がわが国とは異なるわけですから、そのままわが国に移入したらよいなどとは考えていません。ただ、問いかけること、それを習慣化することについては、オランダを参照する意味があるのではないかと考えました。

オランダの教室環境はわが国とは異なります。わが国では、整然と並んだ机の前に教師が立ち、教師主導で授業が進むという体制がまだまだ続いています。これに対して、オランダの教室は、まず机の配置が異なりますし、先生の立ち位置は子どもの前というよりは子どもの横、あるいは子どもの後ろといったイメージです。

教師に対する呼び方も違います。日本ではファミリーネームの後に「先生」をつけてたとえば「片山先生」と呼ぶのが当たり前です。一方、オランダではファーストネームに「さん」をつけて、「のりこさん」と呼ぶことも珍しくありません。オランダの学校は、100の学校があれば100の学校すべてが違うと言われる通り、それぞれの学校で違いますが。

教師主導ではなく、子どもの自己決定を重視し、子どもを主体にするのがオランダの学校の特徴です。学校に通う最初の段階からです。決められた学校に行くわけではないので、親と一緒に見学して、通う小学校を親子で選びます。選ぶ基準は、わが国ではその尺度が「学力」や「進学実績」等になりがちですが、オランダはそうではなく、「うちの子どもに合った学校」を親子で一緒に選ぶのです。もちろん、家から近くて通いやすいことも選ぶ基準の一つですが。

学校を選ぶ時点で、親はどの学校に行きたいか子どもに問いかけ、子どもと会話を重ねます。つまり、小さいときから子どもに問い続けているのです。学校に入れば教師が子どもに問いかけ、多くのことを子ども自身で決められるよう、自己決定する機会をふんだんに用意しています。あくまでも子どもが主体です。

実際のオランダの学校については、現地で働く山地芽衣さんが伝えてくれます。そのあと、日本の学校で日常的に問いかけることを習慣にしている若松俊介さん、小川辰巳さん、坂本亜姫奈さん、古賀太一朗さん、狩屋壱成さんが執筆し、実践の仕方を分かりやすく書いていています。

子ども達が主体的に生きるためには、子どもに問いかけることが教師の役割として必須です。学力は大事ですが、学力だけを手に入れても子どもは幸せにはなりません。本書を、子どもに問いかけるための導入本として、ご活用いただけますと嬉しく思います。

２０２４年３月

片山紀子

もくじ

第4章 ファシリテートのうまい先生がやっている「問いかけ」の基礎基本

第5章 ファシリテートのうまい先生がやっている学級づくりの「問いかけ」

第6章 ファシリテートのうまい先生がやっている 授業づくりの「問いかけ」

授業全般の問いかけ

授業場面別の問いかけ

第 1 章

すべては「問いかけ」から始まる

1　これからの時代を生き抜く子どもを育てる

世界は刻々と変わり、そのスピードの速さに日々驚かされます。科学技術の進展だけでなく、感染症によるパンデミックや気候変動、自然災害、各地で起こる紛争など激動の時代に生きていることを実感させられる毎日です。これからの子ども達は、そうした怒涛ともいえる世界を生き抜いていかなければなりません。教師という職業は、その厳しい世の中を生きていく子どもを支える仕事ということになります。

教師の担っている仕事の重みというものを認識すれば、中央教育審議会答申（２０１２年答申など）で「学び続ける教員」が話題となったことなど関係なく、前衛的にそして継続的に学ぶ必要があります。教師は、「学ぶことを止めれば、その時点で子どもの学びを支える資格はない」、そんな時代に生き、仕事をしているのです。

近年、ＵＮＥＳＣＯやＯＥＣＤは、教育に関して次々と新しい理念を打ち出しています。前者は地球規模で南北格差の是正を視野に入れ、先進諸国・開発途上国含め、広く教育というものを眺めています。後者は先進諸国を射程にしていますから、当然、対象も対策も前者とは異なります。ただしいずれにおいても、そうした報告書等では、エージェンシー（信念や目的に従って自律的に判断し、自己や社会のために行動を起こす意志を伴った力）や、ウエルビーイング（心身共に健康であること、幸せ）といった言葉が頻出します。旧来のやり方のように知識やスキルの獲得が目的とされるのではなく、子どもそれぞれが知識やスキルを能動的に活用できること、個々人そして社会が豊かで幸せであることが重要視されているのです。ここで、わが国の子ども達と世界の子ども達を比較したユニセフの調査結果（表1・表2）を見てみましょう（ユニセフ イノチェンティ研究所2020）。

オランダ	90%
メキシコ	86%
ルーマニア	85%
フィンランド	84%
クロアチア	82%
スイス	82%
スペイン	82%
リトアニア	82%
アイスランド	81%
フランス	80%
イタリア	76%
ドイツ	75%
ポーランド	72%
米国	71%
マルタ	70%
韓国	67%
英国	64%
日本	62%
トルコ	53%

表１　生活満足度が高い15歳の子どもの割合
（ユニセフ・イノチェンティ研究所2020，p.12より一部抜粋して作成）

本書で取り上げたオランダの子ども達は、高い割合で幸せだと感じているのに対し、わが国の子ども達の満足度はさほど高くないわけですから、気になるデータといえます。データを眺めれば眺めるほど、「わが国の子ども達の人生は、果たして彼ら自身のものになっているのだろうか」、そんな思いが頭をもたげてきます。

実際に教室を覗くと、いまだ子どもが主体でない場面に遭遇します。目にする光景は、やはり教師が主体の教室です。子どもに問いかけ、子どもに考えてもらう、そのことが十分に保障されているようには見えません。「このままで、彼らは将来、うまく花を開かせられるのだろうか」と、考えさせられてしまうのです。

ギリシャ	1.4人
ポルトガル	2.1人
イスラエル	2.2人
トルコ	2.4人
イタリア	2.5人
スペイン	2.6人
フランス	3.4人
英国	3.7人
ドイツ	4.4人
オランダ	4.8人
スイス	7.0人
韓国	7.3人
日本	7.5人
フィンランド	8.2人
米国	8.7人
ポーランド	8.8人
オーストラリア	9.7人
エストニア	13.9人
ニュージーランド	14.9人
リトアニア	18.2人

表2　15～19歳の若者10万人当たりの自殺率
（ユニセフ・イノチェンティ研究所2020，p.13より一部抜粋して作成）

本書が取り上げる「問いかけ」は、授業の中で気づきを促したり、興味を持たせたりする問いかけから、学校の日常生活で生じる日常的な問いかけまで広く含んでいます。子どもは教師から問いかけられると、考え始めます。問いかけ方によって子どもの意識することが違ってもきます。自分の知識や考えが不確かで曖昧なことにも気づきます。自分が意識していなかった暗黙知がゆさぶられもします。問いかけられないと、なかなか考えないのです。考えを言語化することもしなければ、自分を見つめることもしにくいのです。

各地の学校から、「お金がないから、学校はあれもできない。これもできない」、そういった声が聞こえてきます。ただ、教師が子どもに問いかけてもお金はかかりません。しかもやろうと思えば、すぐできます。自分（教師）中心のファシリテートから、子どもに問いかけるファシリテートにそのスタンスを変えるだけで教室は変わります。それに相応して子ども達の日々の生き方も変わります。

どうせやるなら、教師が教室にいる意味のある仕事の仕方をしてみませんか。学力向上は大事かもしれませんが、単に学力だけを上げても子どもは幸せにはなりません。

2 いじめや不登校の増加・自死率の高さが気になる

いじめの認知件数は近年も増加し、過去最多となっています（文部科学省2023）。重大事態についても同様に増えています。いじめの認知へ意識が高まったことが背景にあるわけですから、これに対する解釈は様々でしょうが、いずれにしても現状、「子どもの人権」が守られているとは言い難く、いじめをめぐる状況は明るいとはいえません。

いじめはそもそもその定義が国によって違うので比較できませんし、次章で触れるオランダにもいじめはあります。ただ後述するようにオランダでは毎日のサークル対話などを通して人から問われ、自分の考えや感情を表現することが求められるため、嫌なものは嫌だといえる環境整備ができています。自分が幸せに生きるためには、自分の意思や考えを主張することが大事だと小さい頃から植え付けられているのです。その環境が子どもをいじめから遠ざけているのかもしれません。

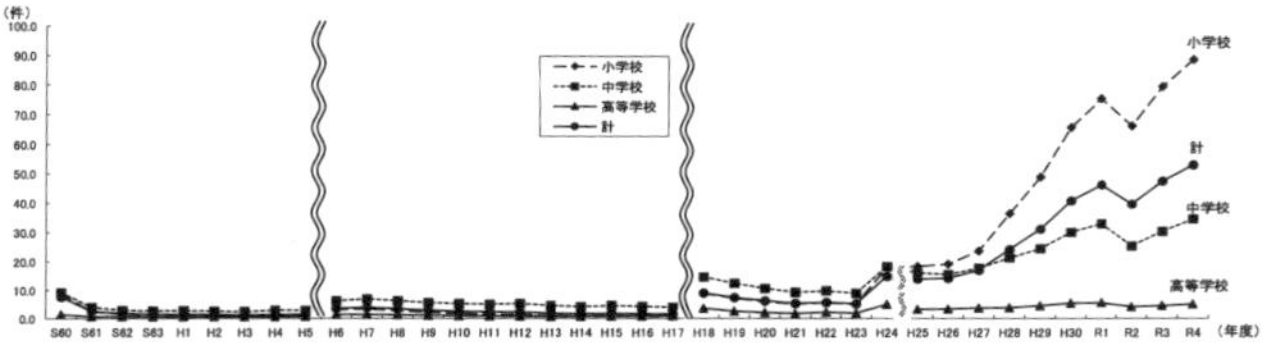

図１　いじめの認知（発生）率の推移（1000人当たりの認知件数）
（文部科学省2023，p.22）

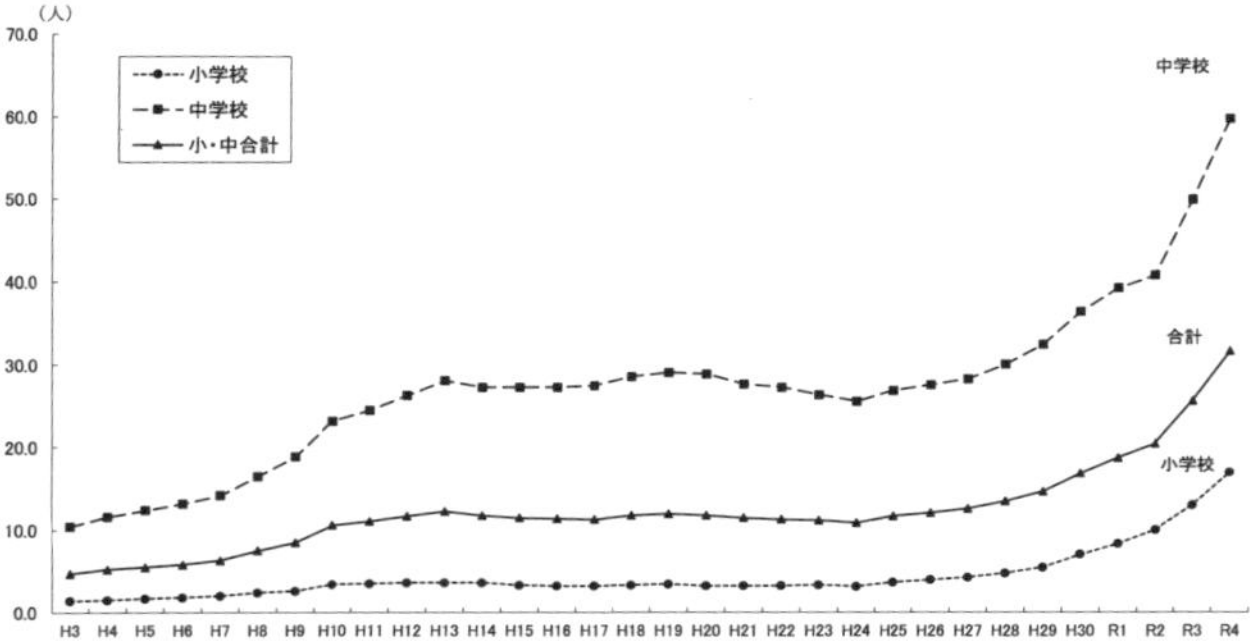

図２　不登校児童生徒の割合（1000人当たりの不登校児童生徒数）の推移
（文部科学省2023，p.70）

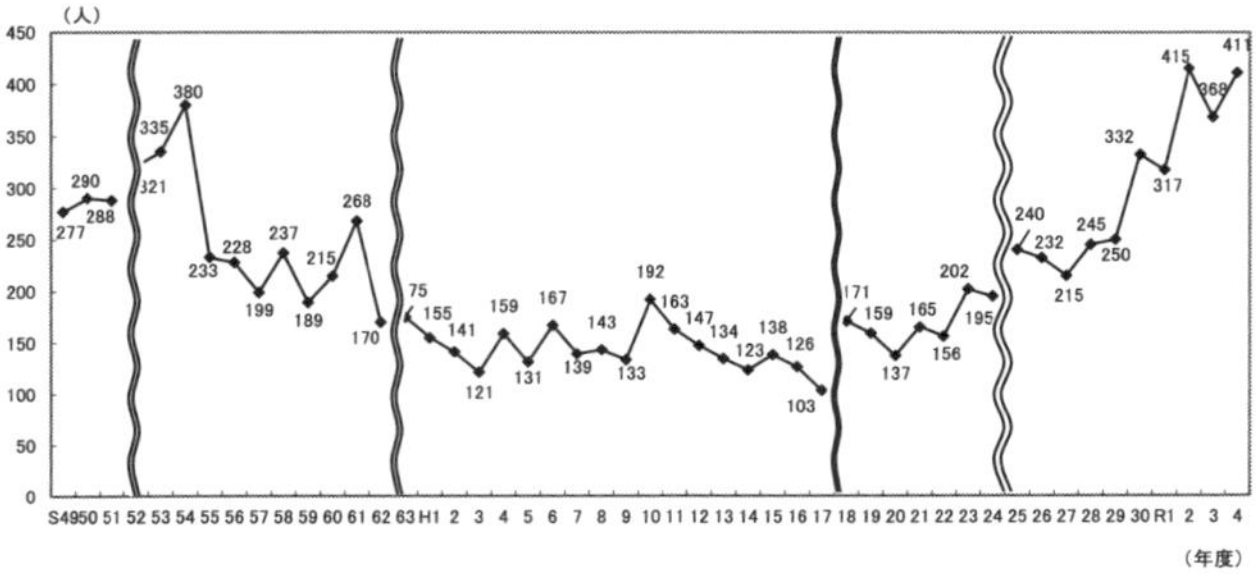

図３　児童生徒の自殺の状況推移
（文部科学省2023，p.125）

続いて自死の数を見ると、２０２２年度だけでも小学校で19人、中学校で123人、高等学校で269人、合計で411となっています（文部科学省２０２３）。他方、厚生労働省は同年（1月~12月）児童生徒の自殺者数を514と発表しており、出所により数が異なりますが、いずれにしてもこの世に生を受けてまだ時間の経たない若い時期に、これほど多くの子どもが自ら死を選ばなければならないことに胸が詰まります。

不登校の数も増え続けています。小学校・中学校、高等学校合わせて36万人程度となり、過去最多の数です。不登校になった理由は、家庭がしんどいこともあれば、学校の環境そのものが合わない、友達とうまくいかない、担任と相性が悪い、特異な才能（松村２０２1）があるゆえ学校のカリキュラムではうまく能力を発揮できない……など多様です。

筆者は、実は不登校を一面的に悲観すべきことだとは捉えていません。見方を変えれば、子どもが自分の意思を表現できるようになったことの証左でもありますから。もちろんいじめられて行けなくなった、虐待されて行けない、病気の親を看なくてはいけないので行けないといった事案については見過ごせないことであり、早急な対応をすべきですが。

そうではなく、「勉強が苦手、あるいは勉強が簡単すぎる」。なのに、どの学校も画一的なカリキュラムだったり、先生の管理的で厳しい声が聞こえてきたり……。それらを受け付けないということはあると思います。つまり、学校に行かないことを子ども自身が自己決定したということです。これだけ多様性が顕《あらわ》になった時代に、子ども達のデマンド（需要・要求）に応えられていない現状があるということは率直に認めなければなりません。

この点、次章を担当する山地氏が働くオランダの学校は一つひとつの学校が多様で、探せばどこか自分に合う学校が見つかります。子どもが保護者と一緒に学校を選びますし、入学したものの途中でその学校とは合わないということがあれば、学校を替わることもできます。病気でもないのに登校しないということになると、親に罰金がかかります。

オランダの側から見ると、子どもが学校に行かないのは子どものせいではなく、子どもが行きたくなる多様な学校を用意できない、大人（行政含めた学校関係者）の責任ということになるのではないでしょうか。

わが国に横たわるこうした諸問題を解決することは、容易なことではありませんが、本書では一つの方策として、子どもに「問いかける」ことを提案しています。問われれば、子どもはあれこれ考え、葛藤を言葉にするなどして自己開示するでしょうし、自己決定にも寄与することになるでしょう。そのために、大人の役割として子どもに「問いかける」ことを、教室のファシリテーターである先生方の習慣にしてほしいのです。

3 長い教師の話が、子どもの創造性を潰している

「先生は話が長い」。そう感じたことはありませんか。筆者は教職大学院で現職教員の方々の授業もしていますが、毎年、話が長すぎる……と思う方にかなりの確率で出会《でくわ》します。自分が話すことが何よりも優先され、何を言いたいのか不確かなことが多いのです。大学院の授業時間は限られていますし、どこで話を切ってもらうか、いつも悩んでしまいます。話が長いこと自体は、周りの受講生が耐えればよいのですからなんとかなるのですが、そうしたことが子ども達の目の前でなされているかと想像すると、もう苦しくなってしまいます。

子ども達は我慢をし、抑制させられながら、教師の冗長な話を聞いているはずです。子どもが発言したり、考えたりする時間を奪い、創造性が伸びないように教師が蓋をしているようにすら見えてしまいます。

教師は毎日の授業で、ファシリテートをしているはずです。ファシリテートとは、だら

だらと話すことではありません。簡潔で適切な説明、指示をし、子どもに問いを投げかけながら、子どもが思考する時間や言語化する時間を保障することです。

実際、筆者のゼミ生が教職大学院での実習中に、自分の授業を録画したところ、授業者である自分自身の話が長いことに気づいたと言います（中根２０２４）。教職大学院の一回生の頃は、自分の話が長いことに気づかぬまま授業をしていたのですが、そのときは授業時間の９割くらいを彼が一人で喋っていました。自身の授業を記録したビデオを分析してショックを受け、そのことをきっかけに話し方を変えることにしました。できるだけ自分が話さず、子どもに話してもらうことを意識し、半年間それを積み重ねたところ、ようやく５割にまで話す量が減ったとか。現場に出て教員になったらもっと減らして子どもを主体にしたいと言っています。

別のゼミ生は、授業中、「なんかおかしいと思いませんか？」などと、子ども達に問いかけていたのですが、それは一見子どもに問いかけているように見せかけていただけだったと吐露しています（及川２０２４）。子どもに問いかけ、子どもを主体にしていたつもりが、実は無意識のうちに子ども達に圧力をかけ、自分の構想した授業展開に子ども達を誘導していただけの問いかけだったのです。

教師はこれまで子どもに問わず、自分が喋って指示し、子どもを管理することを重んじてきました。問いかけるよりも指示して、子どもを管理した方が手っ取り早かったからでしょう。子どもに問えば、あれこれ子どもとやりとりしなければなりませんし、時間もかかります。子どもからあれこれ聞かれれば、何か答えを用意しなければなりません。

たとえば、校則を子ども達に問いかけ、子ども達に見直してもらおうとすれば、子どもの人権を認めながら、あれこれ考えてもらわないといけなくなります。教師が想定していたこととは全く違うことを子ども達が言い出す可能性もあります。創造的に考える子ども達に対して、教師は慣れていないこともあって戸惑いがちです。問いかけて考えてもらうより、指示する方が楽だとも感じます。

教師になった方の多くは、これまで大人から言われることに従順だった方が多いでしょうし、あれこれ反発したり、新たなことを提案したりする子どもよりも、おとなしく従う子どもの方が評価されることを体験してきたことでしょう。

しかし、激動するこれからの時代、従順なだけでは生き抜くことは難しいように思います。自立からも遠のくでしょうし、イノベーションを起こすことも、未来を切り拓くことも難しいでしょう。子ども達一人ひとりが花開かないと、社会の損失にもなります。

問いかけをテーマにした本書は、根源を遡れば「『実際は知らないのに、知っていると思っている』という、人々の『思い込み（ドクサ）』に他ならない」（納富２０１７）という言葉で人々に問いを投げかけた、古代ギリシャ アテナイの哲学者、ソクラテス（紀元前470年頃‐紀元前399年）の用いた問答法（産婆術）に行き着くのかもしれません。奥深いテーマです。

さて、うまい教師には共通した特徴があります。教師が一人で喋るのではなく、子どもに問いかけ、子どもの発言や思考を促していることです。総じて自分が前に出るのではなく、子どもを主役にするという哲学が強固に確立しているのです。

小さな子どもでも問いかけられれば考え、その先で自己決定します。子どもを真に主体にするためには、子どもに「あなたはどうしたいの？」「あなたはどう考えるの？」「他の人の考えとどう違うの？」と、問いかけを意識するとよいでしょう。

もちろん教師が、示し伝えることも重要です。ただそれだけでなく、問いかけてその子どもが潜在的に持っている力を引き出すことも大事です。一人ひとりがその子らしく知的に闘い、逞《たくま》しく生きられるよう、問いかけながら教師としてかかわってみませんか。

4 次期『学習指導要領』は何を期待しているのか

２０１７年に改訂された現在の『小学校学習指導要領解説 総則編』総説では、「学習の質を一層高める授業改善の取組を活性化していくことが必要であり、我が国の優れた教育実践に見られる普遍的な視点である『主体的・対話的で深い学び』の実現に向けた授業改善（アクティブ・ラーニングの視点に立った授業改善）を推進することが求められる」と記されています。

「主体的・対話的で深い学び」が強調されているわけですが、これについて２０１５年の「論点整理」（文部科学省）で、次期改訂（筆者注：２０２７年版を意）に向けた課題として、以下のことが述べられています。「こうした真摯な取組が着実に成果を上げつつある一方で、我が国の子供たちについては、判断の根拠や理由を示しながら自分の考えを述べたり、実験結果を分析して解釈・考察し説明したりすることなどについて課題が指摘されることや、自己肯定感や主体的に学習に取り組む態度、社会参画の意識等が国際的に見て相対的に低いことなど、子供が自らの力を育み、自ら能力を引き出し、主体的に判断し行動するまでには必ずしも十分に達しているとは言えない状況にある」と。

次期『学習指導要領』は、2027年頃には改訂される見込みで、2030年頃に徐々に全面実施されるはずです。デジタル化の進展により、あらゆる社会システムがサプライサイド（供給側）からデマンドサイド（需要側）へとその重点が移行することも指摘されており（渡辺2022）、どの程度実現されるのかは未知ですが、デマンドサイドに重点が移れば、子どもが主体になる授業にもう一歩進むかもしれません。

一方、OECDは国際的カリキュラムの課題として、「OECD2030プロジェクト」で、カリキュラム・オーバーロード（荷重負担）を取り上げ、教育課程の基準や教育内容も含め、もっと学校や教師の裁量を拡大するよう提唱しています（白井2020）。筆者も、わが国の教育課程は、オランダ等に比べて硬直的で、課題が多いと感じています。

さて、これから起こる変化は、子どもに降りかかるより前に、教師に降りかかります。上から強いられるのではなく、次期『学習指導要領』のその先を見据えて、前衛的に実践に移しませんか。デマンドサイドつまり、子どもを意識しながら、問いかけで日々の教室を組み替えることは可能ですし、その方が子どもも教師も幸せです。

5 『生徒指導提要』も子どもに主体的な選択・決定を促している

2022年12月、12年ぶりに『生徒指導提要』が改訂されました。「生徒指導提要の改訂に関する協力者会議」が立てた四つの問いの一つが、「VUCAな時代と言われる現在の『変動社会』に対応する力を子ども達が身に付けるために、生徒指導ができることは何か」（新井2023）という問いです。これは、『学習指導要領』の言わんとすることと共通しています。

グローバルな経済的変動だけでなく、将来が不安定・不確定であることは、いつの時代も同じかもしれません。そうした不透明な将来に向けて知的な面から積極的に画策することももちろん大事ですが、同時に生徒指導的側面からも模索する必要があります。

改訂版『生徒指導提要』では、「自己指導能力」の獲得を旧提要から引き継いでいます。「自己指導能力」とは、「児童生徒が、深い自己理解に基づき、『何をしたいのか』、『何をするべきか』、主体的に問題や課題を発見し、自己の目標を選択・設定して、この目標の達成のため、自発的、自律的、かつ、他者の主体性を尊重しながら、自らの行動を決断し、実行する力」のことです。「社会の中で自分らしく生きることができる存在へと、自発的・主体的に成長や発達する」（文部科学省2022）ことが、子どもに期待されているわけです。

・あなたは自分の人生をどう生きたいのか？

教師という職業を選んだ者からすれば、ここにコミット（関与）せずして、どうして教師としての矜持《きょうじ》が保てるでしょうか。

社会は誰しも決して自分が考えるような容易《たやす》いものではありません。自分の思いが正しく人に伝わるわけでもありません。そもそも自分と人とは違うわけですから、仮に家族であったとしても完全に分かり合うことはできません。社会に出ればそれはもっと複雑で、次々と難解なことが待っているはずです。

なかなか思い通りにならない世の中で、自分の生きる道を模索し、自発的・主体的に逞《たくま》しく生きてほしい、そのためには教師や大人からの小刻みで継続的な問いかけが不可欠です。

6 本書がテーマとした問いかけとは

本書がテーマとした問いかけとコーチングとの親和性は高く、第3章以降で若松氏が後述する内容にはコーチングがベースにあることが窺えます（片山・若松2017）。コーチングでは、特に「傾聴・承認・質問」の三つが重視されています（片山・原田・八尾坂2017）。問いかけは、コーチングでいう質問と少し意味合いが違いますが、コーチングで言う質問と同様に、問いかけも教師にとって学びがいのあるものといえるでしょう。

・あなたは何をやってみたいの？
・やってみたらどうなりそうだと思うの？
・今、あなたが話してくれた「幸せ」ってどういう意味？　もう少し教えてくれる？

日常生活の中でも、問いかけることは、無限にあります。仮に、「先生はどう思いますか？」と子どもから聞かれれば、すぐに解を示そうとするのではなく、「いや、あなた自身はどう考えるの？　あなたの考えを聞いてみたいな」と子どもに再度聞き返せば、それもまた新たな問いかけになります。

ただ、子どもに「問いかける」と聞くと、もしかしたら脅迫的な詰問のようなイメージを持つ方がいるかもしれません。「なぜできないのか?」といった原因志向型の問いかけであれば、子どもを追い込みますから逆効果です。できているところに着目し、解決志向で子どもに穏やかに問いかけることを習慣にしてみましょう。子どもの考えを真摯に聞くことは、「子どもの人権」の観点からも重要です。

本書がテーマとした問いかけとは、子どもが自由に考えることを促すためのものであり、子どもの人生を支えるためのもので、ややビジネスライクな(子どもを圧迫したり、コントロールしたりしない)イメージです。反応は、一人ひとり違うでしょうが、自由なことが前提です。自由でなければ、子どもは学びの世界を堪能できません。日々問いかけることで、副次的効果も生じます。それは、子どもを孤立から遠ざけることです。問われれば、口数の少ない子でも、なんとかして言葉にするでしょう。ヒドゥンカリキュラムとして、社会的ネットワークが価値を持つソーシャルキャピタル(社会関係資本:パットナム2006)の獲得が期待できるはずです。問いかけることは、子どもを孤立から遠ざけ、生きる環境を整えることだともいえるでしょう。

7 収束的思考と拡散的思考を意識する

問いかけには、大きく分類すると、「クリアエンド型の収束的思考を促す問いかけ」と「オープンエンド型の拡散的思考を促す問いかけ」の二つがあります（片山・森口２０１６）。

クリアエンド型の収束的思考を促す問いとは、終着点として一つの解を見出さなければならないときの問いかけです。学級会で合唱コンクールの曲を決める場合や、個人の中で進路を一つに絞らなければならないときは、「AとBとCの曲が候補に挙がっていますが、みんなで歌ってみたい曲はどれですか？」「いろいろ考えたと思いますが、進学先はどこの大学にしますか？」といった問いかけになるでしょう。問われた方は考えを収束させ、どれかに決めるなど、一定の解にたどり着かなくてはなりません。

ただ、収束的思考を促し、一つの解を得たとしても、やってみたところ、その解が正しいわけではないと気づくこともあります。学級目標をみんなで決め、学級生活を過ごしてみたところ、それは自分達が目指すものではないと気づく場合などです。一度決めてもうまくいかないことはよくあります。そのときは、「もっと君達にぴったりの学級目標があるかもしれないね。もう一回考えてみようか？」と、前向きになれる問いを再度投げかければよいのです。収束させればそれで終わりではなく、必要に応じて考える場面を提供し、一つひとつの問題を創造的に解決していくよう問いかけ続けることが大事です。

一方、オープンエンド型の拡散的思考を促す問いかけとは、何か一つの解を求めるわけではなく、広くあるいは深く子どもに考えてもらいたいときの問いかけです。たとえば、「昨日の社会科見学は、どんなところが興味深かったですか？」「あなたはその場面で、どんな点が気になったの？」「別の視点から見たらどうでしょうか？」といったものです。

クリアエンド型の収束的思考を促す問いかけとオープンエンド型の拡散的思考を促す問いかけは、何をねらっているかによって使い分けます。クリアエンド型であれ、オープンエンド型であれ、問いかけがなされた後もずっと頭に残り、思考が継続するような問いかけは、優れた問いかけといえるでしょう。

豊かな問いかけが、子どもの思考を促し、子どもの学びを支えます。問いかけにあれこれ腐心することは、教師という職業を選んだ者にとって醍醐味だといえるかもしれません。

8　問いかける環境整備を教室に

　オランダの教育は、近年イエナプランで知られるようになりました（リヒテルズ２０１９など）。イエナプランのサークル対話では、円型で座り、お互いの顔を見ながら話をします（第2章で山地氏が詳述）。

　サークル対話では、時間と場を共有し、お互いの表情や気持ちを読み取り、みんなで考えを共有していきます。この活動が1日のうち数回、あるいは何度も見られるのがイエナプランの特徴です。一回のサークル対話はおおよそ15分程度で、子どもが飽きることのないように工夫されています（オランダでは、イエナプランに限らず、円型での話し合いは広く根付いています）。

　そこでは、一人ひとりが尊重され、信頼関係が形成されるように、誰の横に座ってもよいように、あるいは友達の話を遮らずに聞くことなど、子ども達と約束しながら進めていきます。こうした習慣の中で、子ども達は緊張したり、身構えたりすることから脱し、安心して話すようになります。自分と人が違うことも、その中で自ずと学習します。クリアエンド型であれ、オープンエンド型であれ、教師が日々問いかける。それに対して子どもは自分の考えを言語化して教師や友達に伝える。子ども自身も教師や友達に問いかける。そういった習慣がオランダという国の強みになっているのではないかと考えます。

オランダは、低地の国で、洪水のたびに土地を流されながらも、今日まで繁栄してきました。小国ながらこれほど国が豊かであるのはソーシャルキャピタルの潜在力があるからだと紺野（2012）は指摘しています。災害など不確実性への対応やイノベーションには、ソーシャルキャピタルが必要で、それがオランダには豊かにあると言うのです。

そのソーシャルキャピタルのベースが、教師を含む大人からの問いかけにあるのではないかというのが筆者の見立てです。小学校（オランダでは4・5歳を含む）の時期に、オランダの子ども達はソーシャルキャピタルの獲得の仕方を習得しているのではないかと見ているわけです。サークル対話の時間を中心にした問いかけによって。

いじめや自死、不登校……、こうしたことに至る原因の一つは、ソーシャルキャピタルの不足です。近年わが国では、カリキュラム再編によって、特別活動が精選されたり、ICTの活用で人と人が顔を合わせることが減ったりして、ソーシャルキャピタルを築く教室環境や学校環境が脆弱になっています。

単に顔を見合わせて、丸くなって話をすればよい、などと述べているわけではありません。大人から問いかけられ、反対に子どもからも問い、お互いに話をするという習慣を身に付けることがソーシャルキャピタルの獲得に寄与し、ひいては子どもの幸せや一人ひとりの集合体である国家のありように大きく作用するのではないかと考えているのです。

子どもに問いかけることをわが国の学級や授業でもうまく取り入れるにはどうしたらよいのでしょうか。次章で、オランダの学校で働く山地氏に、そのヒントを伝えてもらいます。よその国ではありますが、問いかける習慣の有無や問いかける姿勢など、イメージを掴んでいただけたらと考えています。

日々の学校生活に、あるいは授業に生かせる具体的な問いかけについては、学校現場で実践を積み重ねている5名の先生方が第3章以降で紹介してくれます。問いかけさえすればすべてうまくいくわけでもありません。子どもに響くようあれこれ工夫することが大事です。本書では実践を分かりやすく伝えていますので、自分なりに取り入れてみてはいかがでしょうか。

【引用・参考文献】

・新井肇編著（２０２３）『「支える生徒指導」の始め方－「改訂・生徒指導提要」10の実践例』教育開発研究所
・ＯＥＣＤ教育研究革新センター編著・平沢安政訳（２００７）『ＯＥＣＤ未来の教育改革３　デマンドに応える学校教育の社会的な需要と供給』明石書店
・及川亜里紗（２０２４）「教師が無意識にかけている同調圧力－児童の自己決定を促す視点から」『学校臨床力高度化系　初任期教員養成コース修了論文』
・片山紀子（２０２２）「校則の変更から見る生徒指導上の今日的課題：小中学校の生徒指導担当者を対象としたアンケート調査から」『京都教育大学紀要』141号、pp.29-42
・片山紀子（２０２４）『五訂版 入門生徒指導　『生徒指導提要（改訂版）』を踏まえて』学事出版
・片山紀子編著（２０２４）『生徒指導の聴き取り方　場面設定から質問技法まで』学事出版
・片山紀子編著／森口光輔著（２０１６）『できてるつもりのアクティブラーニング』学事出版
・片山紀子編著／若松俊介著（２０１７）『「深い学び」を支える学級はコーチングでつくる』ミネルヴァ書房
・片山紀子・若松俊介（２０１９）『対話を生み出す授業　ファシリテート入門～話し合いで深い学びを実現～』ジダイ社
・片山紀子・原田かおる・八尾坂修（２０１６）『教師のためのコーチング術』ぎょうせい
・紺野登（２０１２）『幸せな小国 オランダの智慧　災害にも負けないイノベーション社会』ＰＨＰ研究所
・白井俊（２０２０）『OECD Education2030プロジェクトが描く教育の未来　エージェンシー、資質・能力とカリキュラム』ミネルヴァ書房
・ドミニク・Ｓ・ライチェン　ローラ・Ｈ・サルガニク編著／立田慶裕監訳（２００６）『キー・コンピテンシー　国際

標準の学力をめざして』明石書店
・中根佑亮（２０２４）「教師の発話量に着目した授業改善－「主体的・対話的で深い学び」に向けて」『学校臨床力高度化系　初任教員養成コース修了論文』
・納富信留（２０１７）『哲学の誕生－ソクラテスとは何者か』筑摩書房
・日本教師教育学会 第10期国際研究交流部・百合田真樹人・矢野博之編著訳（２０２２）『ユネスコ・教育を再考する　グローバル時代の参照軸』学文社
・長坂寿久（２０００）『オランダモデル　制度疲労なき成熟社会』日本経済新聞社
・松村暢隆（２０２１）『才能教育・２Ｅ教育概論　ギフテッドの発達多様性を活かす』東信堂
・文部科学省（２０１５）「資料１　教育課程企画特別部会　論点整理　２０３０年の社会と子供たちの未来」
https://www.mext.go.jp/b_menu/shingi/chukyo/chukyo3/siryo/attach/1364310.htm（２０２４年３月１日参照）
・文部科学省（２０１７）「小学校学習指導要領（平成29年告示）解説 総則編」
・文部科学省（２０２２）『生徒指導提要』
・文部科学省初等中等教育局児童生徒課（２０２３）「令和４年度 児童生徒の問題行動・不登校等生徒指導上の諸課題に関する調査結果について」
・ユニセフ・イノチェンティ研究所（２０２０）「イノチェンティ レポートカード16 子どもたちに影響する世界　先進国の子どもの幸福度を形作るものは何か」（２０２４年３月１日参照）
・リヒテルズ直子（２０１９）『今こそ日本の学校に！イエナプラン実践ガイドブック』教育開発研究所
・ロバート・Ｄ・パットナム著・柴内康文訳（２００６）『孤独なボウリング　米国コミュニティの崩壊と再生』柏書房
・渡辺敦司（２０２２）『学習指導要領「次期改訂」をどうする　検証　教育課程改革』ジダイ社

第2章

オランダの学校に学ぶ「問いかけ」の習慣

1 「みんな違う」から生まれる問いかけとそれを支える対話

オランダの教育に日本の教育へのヒントが隠されているのではないかと考え、渡蘭した筆者（山地）でしたが、渡蘭してからの初めの数年はヒントを発見する以前に、オランダという国の社会や文化、そして学校教育について驚きの連続でした。

特に、年代問わず大半の人達が、それぞれ安心感を抱きながら、自分と異なる人達ともオープンにかかわっている姿は、日本で見る光景と異なっており、ショックを受けることもありました。

日本では同調圧力があり、互いに同質であることを求める傾向があることに対して、オランダでは「一人ひとりみんな互いに違う」という前提があります。自他に対する認識の違いから自分と異なる人ともオープンにかかわることができるのだということに気づきました。その前提があるからこそ、必然的に「あなたはどうか？」という問いかけが社会に根付くのだと、次第に分かってもきました。

本章では、まず、オランダに特有の教育制度、教師の問いかけへの姿勢、そして、具体的にどう問いかけているのかを取り上げます。オランダ現地にはいなくとも、オランダ語が分からなくとも、オランダの先生達が子ども達にどのように問いかけているのかを、そばで聞いているかのように想像してもらえたらと思います。

1 生きたいように生きられる可能性を保障する教育制度

私がオランダの教員養成学校の学位取得済みのコースに在籍していたときに、気づいたことです。教員養成学校に通う学生は、教育とは関係のない仕事をしながら通っているということです。そのため、実に幅広い世代の方々でした。教育現場で働き始めてからも、かつては教職とは異なる業種、たとえば飲食業や製造業などの仕事をしていた方など、多様な経歴の教員に出会いました。日本で教員をしていたときは、このような出会いはごく稀だったように思います。こうした業界を超えた転職からも伺えるように、「私はどのように生きたいのだろう?」と年齢を問わず誰もが自分に問いかけているのです。

オランダの教育制度は、望む職業に就き、生きたいように生きられる可能性を保障しているように思います。それぞれが望むように生きられる可能性を保障するオランダの教育制度とは、いったいどのようなものなのでしょうか。

オランダの初等教育といえる基礎教育は8年間で、4歳から始まりおよそ12歳で卒業します。4~6歳の幼児がいるグループ1・2は、主に遊びを中心とした活動で過ごし、グループ3~8の6年間は、国語や算数を中心としたあらゆる教科の授業を受けるようになっています。

基礎学校を終えると中等学校へと進みますが、日本の高校や大学のように一斉に試験を受け、その一回の結果をもとに進学の可・不可が決まるものではありません。子ども達それぞれの学力や希望、基礎学校からのアドバイスをもとに主に三つのコースへと分かれていきます。

4年制の『中等職業訓練学校準備コース』その後、1~4年制の『中等職業訓練学校』へ
5年制の『高等職業専門学校準備コース』その後、4年制の『高等職業専門学校』へ
6年制の『大学準備コース』その後、3年制の『大学』へ

教育に関する職業を高等教育機関に当てはめて説明すると、学校の支援員になるのであれば『中等職業訓練学校』へ、学級担任のできる教員になるのであれば『高等職業専門学校』へ、教育学を科学として学び研究者になるのであれば『大学』へ進学します（各コースや学校の名称は、リヒテルズ（２００４）を参照）。

就きたい職業や業種によって進学先が異なるわけですが、それで終わりではありません。取得した卒業資格が、新たに希望する職に就くための学校への入学要件を満たしていない場合、それを満たす資格を編入などによってさらに数年かけて取得すれば、進学が可能になります。決して12歳でなりたい職業を決定させなければならないわけではなく、その後も、必要であれば時間をかけて、望む進路へと切り替えていけるのです。

このように、誰もが長い人生で、「私は何をしたいのだろう?」とその都度自分に問いかけます。同時に、必要な学びへの扉は、いつも開いているのです。

2 学校選択と多様な学校

大人になるにつれ、どのように生きていきたいかと問い、生き方を選んでいきますが、4歳から始まる基礎教育も、人生において大切な選択の一つです。オランダには校区がなく、子ども達は前もって保護者と一緒に近所にある複数の学校を見学し、その子どもに合う学校を選ぶのです。

日本の大半の学校は、学校ごとで際立つ違いが見られませんが、オランダの学校は、学校ごとに大きく違っています。オランダの基礎学校には、公立学校の他、特殊学校といって特定の宗教や倫理観に基づく学校、つまり、カトリック系やプロテスタント系など、また、モンテッソーリ教育、ダルトン教育、イエナプラン教育などの学校と様々です。

各々の教育ビジョンに基づいた授業内容や方法で教育を企画し実施することができ、公立・特殊学校問わず、政府から同様に資金をもらうことができます。ただし、教育監督局からの監査が4年に一度あり、教育の質が維持される仕組みもしっかりあります。

学校が独自のビジョンに基づいて教育をすることが認められていることもあり、学校の系統を超えた多様性が全国に溢れています。日本でも注目されているイエナプラン教育の基礎学校は全国に175校ほどありますが（オランダ・イエナプラン教育協会、Nederlandse Jenaplan Vereniging, n.d.：以後ＮＪＰＶと表記）、すべてが同じイエナプランスクールというわけではありません。イエナプラン教育の創始者であるペーターセンは、一つのグループを3学年の異年齢の子ども達で編制することを主張しましたが（リヒテルズ２００６）、子ども達の状況に合わせて一つのグループを2学年で編制するイエナプランスクールもあります。

つまり、教育を提供する学校には自由が認められ、同時に子どもや保護者には、その子どもに相応しい学校を多様な学校の中から選ぶ自由が保障されているのです。そのため、選ぶ過程で、「この子に合った教育とは何だろう?」と問うことになるのです。

学校選びをするのは、教員も同じです。同じ地域でも独自のカラーを持つ学校が複数あるため、教員として働く上でどの学校が自分の教育観に近いかを見極めます。つまり、教師自身が持つ「私にとってのよい教育」と照らし合わせて、勤務したい学校を選ぶのです。あらゆる教育観や人生観があることと、オランダの教育の多様性は、切っても切り離せません。

3 家族で過ごす時間に生まれる対話

問いかけをするには、対話をする時間が不可欠です。どのようなときに子どもにとって一番身近な存在である親との対話が促されるのでしょうか。一つ目は登下校の時間です。登下校は保護者が付き添い送迎することが多く、その手段は徒歩や自転車、車と、家からの距離次第で様々です。家と学校を行き来する間に、親子でコミュニケーションしている光景をよく目にします。

二つ目は、放課後に過ごす時間です。クラブ活動や委員会活動がなく、多くの学校が14時〜15時あたりには下校となり、放課後は、友達と約束をして誰かの家で遊んだり、習い事に行ったりします。保護者達はこの際の預かりや送迎をします。その後は家族で揃って食事をします。学校から宿題が出されることは基本的にはないので、夜に子どもの宿題を見てあげるなどということはありません。家ではその日の出来事などを話しながら、家族の時間を楽しみます。日頃から家族で過ごす時間が長く、子どもに問いかけながらじっくり聞いたり、話したりしています。

4 大人達の時間と心のゆとり

平日でも、家族の時間を確保できるのは、オランダの文化でもあるワークシェアリングゆえといえるでしょう。誰もが勤務日数や時間を上司と相談の上で決めることができ、かつ、勤務時間の違いによる福利厚生の優遇差はないので、自分に合った働き方を選ぶことができます。有給休暇も決められた日数以上を消化する義務があるので、職業にもよりますが、誰かが数週間休暇で不在の間、同僚同士でカバーし合うことはごく普通のことになっています。

大人達には、働き方に加えて子ども達とのかかわり方にもゆとりが感じられます。朝の送迎やお迎えの時は、子ども達のペースに合わせて、目を見ながらかかわっている保護者の姿をよく見かけます。何かをしながら目を背けて話す大人の姿にはそうそう出会いません。目を見て話すことで、「私の話を聞いてくれている」という安心感があります。子ども達は、嬉しいことも悩んでいることも、大人達に話し、その中で育っています。

2 日々問いかけ続ける教師達

筆者は、日本の公立小学校で正規の教員として勤務し（2年間は正規、3年目は渡蘭準備のため非常勤）、その後、オランダに飛び込みました。オランダではこれまで、教員養成学校の実習生として、また、現地教員として基礎学校で学んだり、働いたりしてきました。

実習生としては、基礎学校3校のイエナプランスクールのすべてのグループ（4歳～12歳）で学びました。教員としては、一般財団法人の代行教員プールに所属し、この一般財団法人下の17ある基礎学校のうち15校で勤務してきました。教員の体調不良や病気休暇、産前や育児休暇など、1日限りの短期代行と、数ヶ月に渡る長期代行があります。

現在は、特にグループ1・2（4～6歳）の異年齢学級を中心に、短期・長期両方の代行業務をしています。勤務は週3日を選び、2日はイエナプランスクールのグループ1・2のクラスに立ち、もう1日は別のイエナプランスクールで勤務する日々です。

その他にも、カトリック系、難民の子ども達のための学校など、様々な学校で代行教員として勤務してきました。その経験をもとに、オランダの先生の行なっている「問いかけ」の様子をお伝えします。

1 問うことで子どもの主体性を引き出す教師

実習生、また、代行教員として、多くの先生達と出会い、彼らが子ども達とかかわっている様子を目の当たりにしてきました。最も印象的なことは、先にも触れた通り、学校の中でも先生達が、子ども達としっかり目を合わせて話をしているということ、子ども達が自分の頭を使って思考を巡らせながら、自分の言葉で表現できるように、問いかけ続けているということです。

たとえば、子どもが授業中に練習問題で躓《つまず》き、先生に助けてもらおうと質問をすると、先生は、その子どもの横に並び、問いかけながら具体的に何に躓《つまず》いているのかを子どもと一緒に明らかにしていきます。

2人の子どもの間で、「一緒に遊びたくない」といったトラブルが起きたときには、起きたことや感じたこと、これからしたいことは何かなどと、子ども達の目を覗き込みながら問いかけ、子ども達が納得して解決できるよう一緒に考えています。

私の日本での教員経験を思い出してみても、子どもが何か間違いをしたときに、これほど、じっくりと目を見て問いかけ、その子どもを助けようとした記憶はありません。子どもに問いかけることは私もしていましたが、早くその問題を解決することに集中していたように思います。「その子どもの行為の問題点に早く気づかせたい」「その行為を改善すると言わせたい」「早く問題を収束させたい」、という気持ちが勝っていたのです。

オランダで見る先生達には、そんな焦りは全く見られません。子どもの本心に耳を傾けるために、問いかけることを繰り返します。問いかけながらその子の気持ちに寄り添い、その子がまだ自分だけでは言葉にできないことを、一緒に探っていくのです。

問いかけながら、その子どもの内にある、伝えたいことや感情を言語化するようにします。言語化のプロセスがあることによって、思考や感情が子ども自身のものであるという自覚を促し、子どもの主体性を引き出していきます。

問いかけ方も、子どもの状態や発達段階などに合わせて柔軟な形を取ります。「何かあったの?」と、一言声をかければ、スラスラと話し始める子どももいれば、なかなか答えられない子どももいます。言葉にすることが難しい場合には、「はい」「いいえ」で答えられるクローズド・クエスチョンをすることもあります。首を振ることで、意思表示できるからです。

話してはいるけれど、部分的にしか理解できなければ、いつ・どこで・誰が・何をした・どのように、のどれかに着目した問いかけをすることで明らかにしていきます。因果関係を認知できない発達段階にいる子どもには、「なぜ」とは問わず、他の疑問詞に置き換えて問いかけています。

怒りや悲しみといった感情が落ち着かず、会話が困難な場合であれば、まずは落ち着けるように、たとえば、静かに休める場所に数分移動させるか、読書などの好きな活動で気分転換をするかなどの選択肢から一つを選ばせ、「後でまた話をしよう」などと声をかけています。

2 子ども達を受け止める教師の姿勢

では、先生達はどのような心構えで子ども達に問いかけているのでしょうか。それは、端的に言えば、子どもにインタビューをするようなイメージです。質問をすることで、どんな答えが返ってくるのかと興味を持って問いかけるのです。期待した答えを言わせるための質問ではありません。どのような答えが返ってくるのだろうと、ある種わくわくする気持ちで問いかけているのです。目の前の子どもが内心どう考えているのかを知りたくて、強い関心を寄せながら問いかけています。

そうした姿は、子ども達に問いかけるときにだけ見られるものではありません。子ども達が先生達に質問をしたり助けを求めに来たりするときにも同様の風景が見られます。

子ども達の質問や支援要請にどのように対応するかはさておき、初めのステップとして「丸ごと受け止める」ということを数多くの先生達が実践しています。もっと言えば、質問をされる前から、いつでも頼れるオープンな存在であることを態度で示しているのです。それはまるで、いつも開いた大きくて暖かな手のひらのようにも見え、子ども達が必要なときに自分の力できゅっと握りに行ける、そんなイメージです。

3 サークル活動の問いかけで、問いが身近に

学校生活で問われることとは、先生との一対一の会話のときにだけ起こることではありません。あらゆる学校でサークル活動（サークル対話含む）の時間が見られ、この日常的な活動の中で子ども達は頻繁に問いかけられます。

そもそもサークル活動とは、お互いの顔が見えるように、文字通り円になって座って行

います。サークル活動は、あらゆる目的に合わせて活用できる活動形態です。インストラクション（説明や指示）の場合のように、教員が説明のために子ども達をサークルに集めるときには、子どもの発言の自由度が高くない時間もありますが、身近な出来事について対話したり、計画や振り返りをしたりと、子ども達が中心になって話し合うサークルも頻繁にあります。

いずれも問われるシーンがありますが、前者のサークルでは、正解のある、言い換えれば、自分の外側に正解がある問いが多く、後者では、正解のない、あるいは、自分の内側に正解がある問いが多くなされます。

正解のない問いかけが多く扱われるサークルでは、先生だけでなく子ども達同士で問いかけることもよくあります。たとえば、自分の好きなことについて発表する自分サークルで、ある子どもがお気に入りのぬいぐるみについて話すと、そのぬいぐるみと何をすることが一番好きか、そのぬいぐるみの名前は何かなど、発表している子どもにしか分からない質問が他の子ども達から出てきます。

聞き合うだけでなく、問いかけたり問いかけられたりする時間があることによって、子ども達は、問いが身近にあること、問いに対する答えは問われた人の中にあること、それを安心して発言することを体で学んでいきます。

そもそも幼い子ども達は、あらゆることに興味を寄せますし、疑問に思います。「なぜ？」と純粋に問うてくるのです。この好奇心こそが、子ども達の学びへの動機づけの土台になります。そのため、問うことへの恐れによって興味を持つことを損なわないよう、問いかける態度を維持させるようにします。これによって、問うことや問われることが日常的な習慣となります。

問いによっては、問いかける側だけでなく、問われる本人も答えが分からないこともあります。それでも、問われた本人は、そのことを事実として受け止めたり、「分からない」と躊躇なく伝えたりすることもできるようになるのです。

4 教師が問わないとき

問うことで子どもの主体性を刺激することをお伝えしてきましたが、注意すべきことは、「何でもかんでも問いかけているわけではない」、ということです。先生達は、目的があって子ども達に問いかけます。

逆に、わざと意図して問いかけないこともあります。いくつか例を上げましょう。先生が決めた活動を始めるときは、問いかけではなく、「○○をします」、または「○○をしましょう」と話すなど、問いかけではなく指示になります。

集団遊びで、どれにしようかと選ぶのに時間がかかるなど、子どもの動きが緩慢なときは、活動のテンポを上げるために、「5つ数えるうちに選ぶよ」などと、促しの声かけをします。

長く細い枝を振り回して校庭で走り回る、大きな瓦礫《がれき》で遊ぶなど、怪我につながりかねない行為が見受けられれば、「枝先を人の顔には絶対に向けません！」「この瓦礫《がれき》は遊び道具ではないので、これでは遊びません。ゴミ箱に捨ててください！」などと、明確な指示をします。

このように、先生達は、どのような場面で問いかけるのか、また問いかけないのか、それはなぜなのかを考えて、問いかけたり問いかけなかったりするのです。必要に応じて促したり、指示したりしており、決して問いかけだけをしているわけではありません。

3 問いかけの具体例

基礎学校での実習や勤務を通して見聞きしたことや実践してきた私自身の経験をもとに、授業場面・生活場面・その他の場面に分類して問いかけの具体例を紹介します。

1 授業場面での問いかけ

①学びのオーナーシップを刺激する問いかけ

子ども達が自律的に、責任を持って学ぶことを促すために、教師は、授業中に問いかけます。例として、ディクテーションの様子を紹介しましょう。ディクテーションでは、教師が単語を言い、子ども達はその単語を繰り返して発音し、その後自分のノートにその単語を書きます。オランダ語には、例外的な細かなルールが数多くあるので、ディクテーションを通してそのルールの適用を練習します。

ディクテーションに移るときは、「必要な道具は何かな?」と問います。子ども達に確認し準備が整うと、「5問あります。何問以上正解したいですか?」と、子ども達に自身の目標を決めさせます。さらに続けて、「どうしたら自分の目標を達成できると思う?」と問い、子ども達がアイデアを出し合います。どう取り組むかをそれぞれで決めると、いざ開始です。書き取りと答え合わせの後、「自分の目標を達成できた?」「なぜ達成できた(できなかった)の?」「次回はどうしたい?」と問いかけます。

自身の学びについて考えさせたり選ばせたりすることで、子ども達が学びに対するオーナーシップを持つよう刺激しています。

②探究心・好奇心を刺激する問いかけ

サークルでは、身近な出来事や学習テーマなどを通して生まれる問いについて話し合います。以下、NJPV作成の動画(2018)より見ていきましょう(山地芽衣訳)。

低学年の子ども達が、天気をテーマに知りたいことを出し合っている場面で、とある子どもから、「雨はどこから来るの?」という問いが出ると、先生はその問いを繰り返します。すると他の子どもが、「雲からだよ」と言い、先生はこれに対して、「雲からって言ったの?」と返します。さらに他の子どもから、「でも、どうやって雲から来るの?」という問いが出て、他の子どもから「それはね、……」と答えが返ってきます。

この間、先生は子どもから出てくる問いに答えていません。子ども同士の問いと答えの往復にじっくりと耳を傾け、子ども達の好奇心に共感しながら、出てくる問いと答えを繰り返しています。

中学年のクラスでも同じように子ども達が問いと答えを繰り返しながら出し合っています。ある子どもが「雲の上は寒いんだよ」と話すと、先生はこの発言を繰り返した後に、「雲の上と下とで何が違うの？」と問い返します。

この場面について動画のナレーションは、「グループリーダー（学級担任）として自分が既にその仕組みや答えを知っていることを態度で示す」のではなく、「（本当にそうなのかと批判的に）思考したり（不確かだと）疑ったりすると、子ども達は一緒に考えるようになる」と解説しています。先生自身が考えを巡らすこの姿勢が、子ども達の好奇心を刺激し、子どもに内発的動機づけが芽生えるよう働いているのです。

2 生活場面での問いかけ

①助け合いを促すルールとその問いかけ

次に紹介する内容は、主にグループ1・2の低い年齢で見られるものです。学校のフルーツタイム（果物を食べる時間）で、容器や水筒の蓋が開けられない、外遊びに行くときにジャケットのチャックを閉められない、靴紐が自分では結べない、体育の授業の前後で着脱ができないなど、特に幼児期の子ども達は周囲のサポートを必要とすることが多々あります。その都度教師が解決してしまうことは簡単ですが、子ども達同士で助け合うことを学ぶチャンスにすることもできます。

この助け合いを促すルールは、『Het handje（ヘッド ハンチェ・手）』と呼ばれていて、具体的には次のようなものです。親指は、まずは自分で試してみることを意味します。それがうまくいかなければ人差し指を示し、自分のペアの友達に助けを求めます。それでもうまくいかなければ中指で他の友達に、それでもうまくいかなければ薬指でさらに別の友達に助けを求めます。それでもうまくいかない場合になって初めて小指を示し、教師へ助けを求めます。

4歳になったばかりの入学したての子ども達は、困ったことがあるとすぐさま教師へと助けを求めに来がちです。そこで、この『手』のルールをまず教え、その後教師のところへ助けを求めに来ると、教師は、「手のルールは何だったかな？」と問いかけます。忘れているようであれば、このルールを既に知っている周囲の子どもに、「この子に手のルールを教えてあげられる？」と問いかけ、子ども同士をつなぎます。

子どもによってはすぐに誰かへと助けを求めに行くことができますが、何と言ってお願いをしたらよいか分からない子もいます。その場合は、「助けてもらうために何て言ったらいい？」と問いかけたり、場合によっては、どんな言葉かけがよいかを他の子ども達に問いかけたりします。

これを繰り返すことで、幼児のうちから、周囲の様々な人へ自ら援助要請をする自律性や、他者と一緒に問題を解決する協働性、課題解決力を養うことができます。

②友達との問題が起きたときの問いかけ

子ども達は、学校生活の中で友達関係について問題を抱えることも当然あります。その際に、子ども達だけで解決できることもありますが、教師の力を必要とすることも頻繁に出てきます。そこでの教師の問いかけは次のようなものです。

子ども達から、誰かが困っていることを聞くと、教師はまず、「何があったの？」と事実を知るために問いかけます。明らかに怪我につながる危険な行為でない限り、仮に教師がその場面を見ていたとしても、できるだけ子ども達が自分で言葉にできるよう、耳を傾けてよく聞きます。当事者である両者が感情的になって相手の話を遮る場合は、順番に話し、互いに聞き合うことを約束します。言葉にできない場合は、「何が嫌だったの？」「何がしたかったの？」「どうしてほしかったの？」「あなたは何をしたの？」などと、起きたことと考えていたことを一つずつ明確にしていきます。それから、事の原因となることについて「あなたはそれをしたかったの？」「相手が泣いているけれど、それをしたことはいい考えだったと思う？」と問いかけることで振り返りを促します。さらに、「どうやったら解決できる？」「次回は何に気をつけたい？」などと問いかけ、問題の解決と次回への改善に向けてサポートします。

問いかけはシンプルかもしれませんが、教師は答えを持っているとか、それを言わせようとするような権威的な態度ではかかわらないということを心がけています。あくまで子ども達の内にある考えや願いを引き出すように、オープンな姿勢で接しています。

3 その他の場面での問いかけ

①日誌読みでの問いかけ

私の勤務クラスでは、毎日一人の子どもが先生のお手伝い役をするようになっています。お手伝い役になった子どもはその日クラスの日誌を持ち帰り、家でその日の出来事について絵を描いたり、保護者と一緒に短いお話を書いたりします。翌日の朝のサークルでそれを教師が読み上げ、その後、聞いていた子ども達は、どんな内容だったかを話します。

もちろん教師は、どんなことが書かれているか知っているので、他の子どもが話す内容が正しいかどうかを知っていますが、教師が判断するのではなく、その物語を書いた本人に、「どう？ あの子の話していることは正しい？」と問いかけます。書いた本人に問いかけることで、本人に自分で書いたという自覚を促します。

②自分サークルでの問いかけ

私の勤務校では、低学年のうちから自分に関することについてプレゼンテーションする、自分サークルというものがあります。子どもによっては、緊張のあまり話すことを忘れてしまい、なかなか始められない子どももいます。それを見た教師は、「どんなことを家で練習してきたの？」「何についてなの？」などと、プレゼンの冒頭にかかわる問いかけをします。プレゼンが始まってからも途切れてしまう場合は、「この写真で伝えたいことは何かな？」などと問いかけ、落ち着いて話せるように支援します。

発表が終わると、発表者である子どもは、他の子ども達からの質問と tips & tops（改善できることとうまくできたこと）を受け付けます。子ども同士がそうしたやりとりをする時間に、質問の意味が分からない子どもから、「質問するってどういうこと？　質問の例を挙げてくれない？」とお願いをしてくることもあります。分からなければ、「分からない」と言うのは、子ども達にとってごく当たり前のことです。

③誕生日会での問いかけ

オランダでは誕生日になると、必ずと言ってよいほどクラスで誕生日会をします。誕生日会でも、誕生日の子どもが自己決定する場面が複数あります。

まず、誕生日の子どものヘルパー役（サークルでお祝いをする場合は、誕生日の子どもの隣に座ってよい子ども）として、1～2人の友達が選ばれます。「誰だったら、あなたのヘルパーになっていい？」などと教師が問いかけます。

デジタルボードに黒板機能を持ったプログラムを開き、デジタルで誕生日ケーキを装飾させることもあります。ケーキの配色や飾りが選べ、教師は、「どんなケーキにしたい？」などと問いながら、誕生日の子どもが特別感を味わえるようにします。

オランダには誕生日に歌う童謡が数多くあります。教師は、「どの曲がいい？」と問いかけ、誕生日の子どもが数曲選びます。悩んでいるようなら、他の子ども達に、「どんな曲があったかな？　誰かアイデアのある人はいる？」などと助けを求めたりします。

さらに、「私は今日誕生日だ！」と外に向かって叫ぶか、はたまた、他のクラスの子ども達に聞こえるように廊下で叫ぶか、などと、遊び心のあるアクションを選んでよいこともあります。教師によって誕生日会のやり方は異なりますが、誕生日の子どもが選べる点は、どの学校でも共通して大事にされています。お祝いの時間にも問いかけ、子ども達は楽しく過ごすために自分で選ぶことを学ぶのです。

子ども達は問いかけられることによって、自己の学びや身の回りで起きることについて思考を深め、他者と助け合うことや一緒に課題を解決すること、共に楽しむことを学びます。この過程で、自分は何を考えていて、何を望んでいるのだろうかと、自己を発見し続けるのです。同時に、他者が自分とは異なる存在であること、自分と同様に尊重される存在であることも学びます。人生の中で繰り返されるこうした学びによって、自分はどのように生きていきたいのか、それを実現するために何を選ぶのか、どのように責任を持つのかを考え、他者と共に生きていくための土台を養っていくのです。

【引用・参考文献】

・Nederlandse Jenaplan Vereniging.（n.d.）. Vereniging. Nederlandse Jenaplan Vereniging. https://www.jenaplan.nl/nl/vereniging（２０２４年３月１日参照）

・Nederlandse Jenaplan Vereniging.（2018, February 13）. Vragen stellen. [Video]. YouTube. https://www.youtube.com/watch?v=IRDZRrTQFIl（２０２４年３月１日参照）

・Nuffic.（n.d.）. Schema ： onderwijssysteem Nederland. Nuffic　De Nederlandse organisatie voor internationalisering in onderwijs.
https://www.nuffic.nl/onderwijssystemen/nederland/schema-onderwijssysteem-nederland（２０２４年３月１日参照）

・Rijksoverheid.（n.d.）.Openbaar en bijzonder onderwijs. Rijksoverheid. https://www.rijksoverheid.nl/onderwerpen/vrijheid-van-onderwijs/openbaar-en-bijzonder-onderwijs（２０２４年３月１日参照）

・リヒテルズ直子（２００４）『オランダの教育　多様性が一人ひとりの子供を育てる』平凡社、pp. 96-97

・リヒテルズ直子（２００６）『オランダの個別教育はなぜ成功したのか　イエナプラン教育に学ぶ』平凡社、pp.90-91

第3章

「問いかけ」の前に考えること

1　過去にはだらだらと話し続けたことも

1　思いだけではうまく伝わらない

教師になったばかりの頃、私は授業や生活指導の場面で話す内容やその進め方について、毎日のように悩んでいました。

・算数の授業では、どうやって足し算の大切さやコツを伝えればよいだろう？
・国語の物語文の授業では、どのように物語の読みどころを伝えられるだろう？
・子ども達の生活面での課題について、どのように伝えればその行動が変わるだろう？
・子ども達のケンカを減らすために、どのような声かけをすればよいだろう？
・子ども達一人ひとりにちゃんと理解してもらいたい。

・子ども達一人ひとりの行動を変えられるようにしたい。

……といったものです。そんなとき、私は「授業で絶対に伝えたいこと」「朝の会で子ども達に伝えたいこと」などをメモ帳に書き出すようにしました。

しかし、いざ授業が始まると、メモ帳に書いたポイントをそのまま伝えようとするあまり、子ども達の目を見て反応を確認することを忘れてしまうことが多かったです。算数の授業で足し算の説明をしているとき、子ども達が窓の外や教室の他の場所を見ていることに気がつかなかったり、国語の時間に大事な読みどころを伝えているとき、子ども達が話に飽きているサインを見逃してしまったりしていました。伝えることしか考えていなかったのです。

結局、私が一生懸命伝えようとした内容はうまく伝わっておらず、子ども達もあまり理解できていませんでした。にもかかわらず、私は「『大事なこと』と私が考えているだけのこと」をひたすら伝え続けていました。そして、次のように勝手に安堵していました。

・子ども達は理解しただろう。
・子ども達には伝わっただろう。

子ども達一人ひとりをじっくりと見取ることを疎《おろそ》かにし、「子ども達に伝わっていない」「子ども達が理解できていない」ことについて、しっかりと向き合っていませんでした。

生活指導を行う場面でも同じでした。たとえば、「『学校のルールを守ること』をシンプルに伝えよう」と思っていても、話しているうちに「大人の社会でのルールについて話したい」「『守る』ことの価値について話したい」と子ども達に伝えたいことが次々と思い浮かび、それらを詰め込んだ話をしてしまいました。

途中から、子ども達の表情が遠くの世界に行ってしまってもお構いなしです。子ども達が集中して話を聞けなくなっているのは私のせいなのに、「きちんと話を聴かないとダメでしょ」と注意をすることもありました。結局、また同じような問題が起こってしまうことが多く、悩みが尽きませんでした。

2 よりよい伝え方を探る

次第に、「これではいけない！」と思うようになり、授業の進め方や話し方、伝える内容を見直すようになりました。すると、子ども達の集中が切れ始めるときや、疲れてきたサインに気づくようになりました。最初は「自分の話し方に問題はない」と思っていましたが、私は伝えたいことをただ長々と話しているだけで、「だらだらと話してしまっている」ことにも気づきました。

この気づきをきっかけに、私は「よりよい伝え方」ができるようになるために試行錯誤するようになりました。子ども達の実態をもとに振り返ることで、

・子ども達の反応を見逃さないこと。
・子ども達が受け身にならないように工夫すること。

を大切にするようになったのです。

2 子どもに問いかけることにヒントがある

1 よりよい方法を模索する

小学校の先生としての経験を積み重ねる中で、授業や生活場面において私の話す割合が多くなっていることに疑問を持ち始めました。自分が熱心に教えても、「子ども達が実際に理解しているのか」「話を聞いた後で何か行動に移しているのか」についての確信を持てないときがあったからです。一方的なコミュニケーションになってしまっていることに違和感を持ち、気づいたら「伝えたらよい」と思ってしまっている自分に限界を感じるようになりました。

そんな中、「もう少しよりよい方法があるのでは？」と思い、私は次の二つの「問い」についてじっくりと考えるようになりました。

・なぜ、子ども達が話を聞くだけで受け身になってしまうのか？
・どうすれば、子ども達が自分ごとに捉えることができるようになるのか？

これら二つの「問い」に向き合うことで、課題であった「だらだらと伝える」「伝えたらよいと思っている」自分から脱却し、「どうすれば、子ども達自身が、考えたり行動したりするきっかけをつくることができるか」について考えるようになりました。

2「問いかける」ことを取り入れる

そこで、子ども達が自ら考え、一人ひとりが意見を持つように促すために、「問いかける」というかかわり方を取り入れることにしました。私一人であれこれ考えるのではなくて、「子ども達自身が考える」「一緒に考える」ことを大切にしようと考えたのです。そのためには、「子どもに問いかける」ことが必要だと気づきました。

・みんなはどう思う？

・この問題をどうやって解決したらいいと思う？
・どうすればうまくいくだろう？
・○○って何のためにあるのだろう？

これまで「教師（私）が伝える」ことにしていた場面で、子ども達に問いかけてみると、普段はあまり話さない子も含めて、たくさんの手が挙がり、自分達の考えを元気に話し始めました。

たとえば、新学期に学級のルールを決めるときには、こんなふうに子ども達に問いかけてみました。

・ルールって何であるんだろうね？　どう思う？
・どんなルールがあったらいいと思う？
・なくてもいいルールってあるかな？

すると、子ども達は「ルール」について、気になっていることや日頃考えていることをどんどん話し始めるようになったのです。子ども達と「ルール」について考えることで、ルールに対する理解が深まっていきました。決まったルールについても、「守らなければならない」ではなく、「大事にしよう」という思いが見られるようになりました。

もちろん、様々な問いかけに対して出てきた考えやアイデアのすべてが「よい」といえるものかどうかについては、何ともいえません。しかし、子ども達が真剣に考え、提案しようとする姿に大きな意味がありました。子ども達の学びへの熱意や学級での生活についての思いもグッと高まりました。

このようなかかわりをすることで、「問いかける」というシンプルな方法が、授業や学級経営、生活指導において子ども達の自立心や責任感を育むための大切な手段になるという実感を持つことができました。

こうした経験をもとにして、教師としての私達の役割は、単に知識や情報、大事だと思うことを伝えるだけではなく、子ども達が自分で考え、自分の問題を解決できる力を育てることにあるのだと考えるようになりました。だからこそ、その後も「問いかける」ことを大切にし、「習慣」にすることができるようになったのです。第2章に登場したオランダの先生達は、そうしたことを自然にやっていたのだと今回改めて気づくことができました。

3 子ども達の「学習過程」や「新規の経験」を意識する

1 子どもをコントロールしようとしない

教師には「子ども達に、こんなふうになってほしい」と願う気持ちがあり、それに向けた「同じ結果」を求めてしまうこともあるでしょう。その思いが強くなりすぎると、気づかないうちに子ども達をコントロールすることになってしまいます。つまり、子ども達一人ひとりの「学習過程」や「新規の経験」を無視してしまうことになるのです。

そこで私が日頃心がけていることは、子ども達を単に私の指示で「動かそう」とするのではなく、子ども達が自ら考えたり、行動したりするように支援することです。子ども達一人ひとりの「学習過程」や「新規の経験」を大事にしようとするようにしています。

たとえば、読者のみなさんは教育実習や研究授業の際に指導案を作成するでしょう。その際、「本時の流れ」は、「導入」「展開」「まとめ」というステップで考えるはずです。しかし、実際には子ども達一人ひとりが持つ経験や知識が異なります。ですから、全員が同じステップで学ぶことは難しいはずなのに、指導案はいつも一括りです。

本来、子ども達の「学習過程」に焦点を当て、一人ひとりが自分にとって意味のある「新規の経験」を積むことができるようにすることが大切なはずです。しかし、これまで多くの授業（研究授業）では、子ども達一人ひとりの違いには目を向けず、「子ども達」という大きな括りで捉えて、強引に「本時の目標」にたどり着かせようとしてきたのではないでしょうか。「個別最適な学び」からは、かけ離れた授業でした。

考えてみれば、そんなことはできないはずなのに、教師の「教えやすさ」が大事にされていたのです。私と同じように理想的な「結果」を求め、「優れた発問」「優れた板書」を探したことのある先生も多いのではないでしょうか。

問いかけによって子ども達が自ら「選ぶ」「決める」機会をつくることは、一人ひとりの「学習過程」や「新規の経験」を尊重することにつながります。そうすると、子ども達は自身の学びや成長について深く考えることができるようになります。このとき、私達教師は「コントロールする」のではなく、「支える」「導く」役割を果たすことが求められます。教師の「教えやすさ」よりも、子ども達の「学びやすさ」を重視することが大切です。

2 「学習過程」や「新規の経験」に着目する

子ども達の「学習過程」や「新規の経験」に注目するためには、子ども達一人ひとりを丁寧に見取り、彼らがどんな経験をしてきたのか、これからどう成長していきたいのかを理解することが大切です。図4のように、子ども達全員が同じようにきれいに真っ直ぐ育つわけではありません。図5のように、一人ひとりがそれぞれ自分の道を進むのだということを忘れずにいるだけで、「伝えればよい」「分からせよう」「コントロールしよう」ということから脱していくでしょう。

第2章で山地氏は、オランダには「一人ひとりみんな互いに違う」という前提があることに触れています。私達は「オランダにはそのようなものがあっていいな」で終わらせてしまってはいけません。一人ひとり違うのはオランダも日本も同じはずですし、そのことを改めて意識することが大事ではないでしょうか。

「育ってきた環境」「これまで経験してきたこと」「性格」「将来への展望」「その日の感情」……など、子ども達一人ひとりの「違い」に目をむけたらキリがありません。しかし、子ども達一人ひとりの「違い」に気づき、意識するようになれば、一つの「問いかけ」をしても、子どもの「学習過程」や「新規の経験」がそれぞれ異なることも理解できるはずです（図４・図５参照）。

そうなってくると、その教室にいる子ども達に合った「問いかけ」や目の前にいるその子に必要な「問いかけ」を探ることができるようになるでしょう。まずは、子ども達一人ひとりの「違い」というものに、丁寧に目を向けるようにしたいものです。

図４

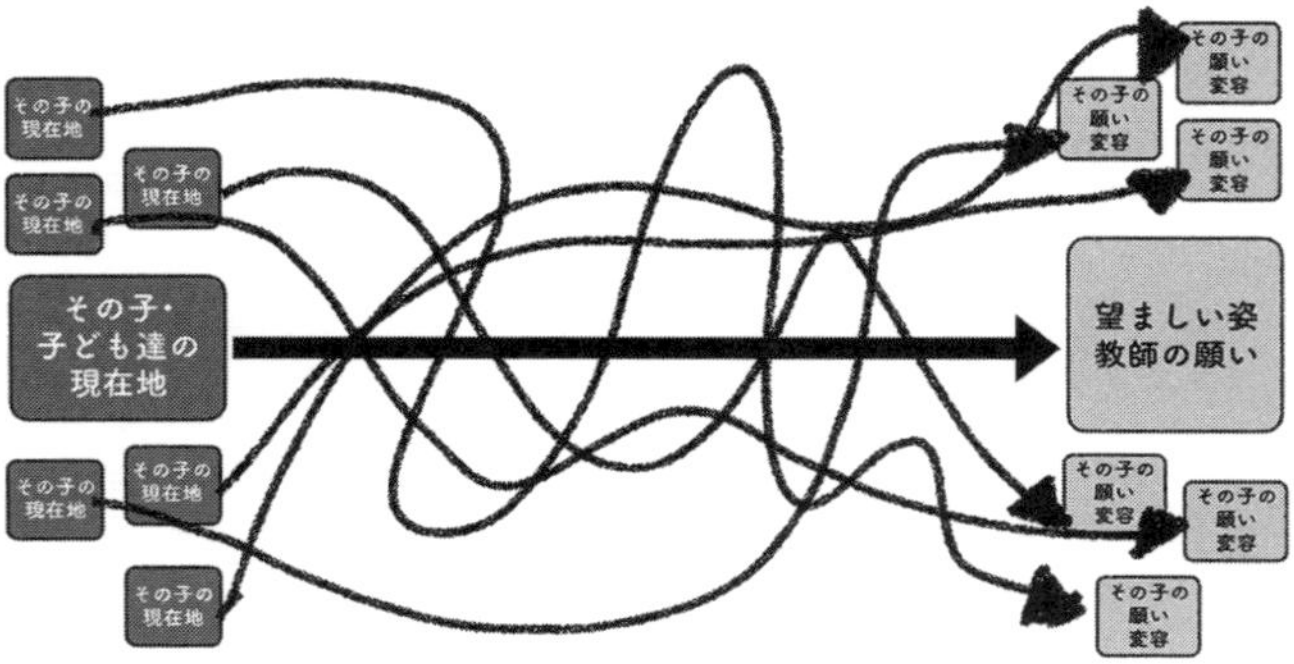

図５

4 問いかけるだけでなく、伝えることも疎《おろそ》かにしない

1 「問いかける」だけではうまくいかない

本書では、問いかけることの重要性や必要性を説いています。こうした指導や支援によって、自分で考えたり行動したりする力を育て、学びを深める機会をつくることができます。しかし、「問いかけることがいつも正解」というわけではありません。それが必ずしもすべての状況に適しているわけではないことを覚えておくとよいでしょう。

問いかけばかりに注力してしまうと、実は大事な「伝えるべき内容」を見落としてしまうことがあるでしょう。実際のところ、毎日の学校生活において、子ども達へ指導・支援すべきことはたくさんあります。「問いかける」だけでなく、子ども達にきちんと「伝える」ことも、同じくらい重要なことなのです。

「伝える」という行為は、教育の根底にあるものです。新しい知識や、将来子ども達が

必要とする情報を、教師が子ども達に直接伝えることで、子ども達の土台が築かれます。

学びのスタートラインに立つ小さな子ども達（小学校低学年）であれば、なお一層新しい情報を伝える機会は多いですし、彼らには情報を吸収する準備もできています。

ただし、「伝える」ことだけに焦点を当て続けると、子ども達が自分で考え、問題を解決する力を伸ばす機会が減ってしまいます。子どもの成長を支援するには、「伝える」と「問いかける」の間で、適切なバランスを見つけることが大切です。子ども達一人ひとりが必要としていることを丁寧に把握し、見極めながら、それぞれに合った指導や支援を行うことが必要です。このバランスを見つけて指導や支援を行うと、子ども達の「自ら学び、成長する力」を育てることができます。私達教師の仕事は、ただ情報を伝えるだけではなく、子ども達が自立して学び続けられるように導くことにあります。子ども達の豊かな成長にとって最も重要なことです。

2 「問いかける」と「伝える」のバランスを見極める

・コーチングが大事です。

・これからの学習にはファシリテートすることが大切です。
・問いかけることが大切です。

こんな情報を得ると、「伝えてはダメなのか」と思ってしまう方がいます。もちろん、ただ長々と情報を伝えることばかりしてしまっているなら、そんな指導や支援の仕方は見直す必要があります。しかし、伝えること自体が否定されているわけではありません。

問いかけただけでオランダの学校のようになるわけではないのです。問いかけるだけで子ども達が自発的に行動を始めるわけでもありません。問いかけが魔法の杖のようにすぐに効果をもたらすわけではないことを覚えておいてください。問いかけることと同様に、伝えることも大事です。決して、伝えることは悪いことではありません。

なぜ、どちらかを優先する極端な見方になるのでしょうか。自分自身に問いかけ、考える経験が少ないからかもしれません。これまでの自身の生活の中で、正解を求める傾向や、指示されたことを守ることに重きを置いてきた結果、新しく提案された「よい」とされる方法を盲目的に追求しようとするのでしょう。だからこそ、自分自身への問いかけが重要です。

・問いかけるとは、どんな意味があるのだろう？
・問いかけることの効果とは何だろう？

自分に問いかけ続けることで、問いかけることの本質が見えてきます。「問いかける」と「伝える」を二項対立させるのではなく、それぞれの価値を理解し、適切に使い分けることこそが大事です。

第1章で片山氏が示唆した「あなたは、自分の人生をどう生きたいのか」という視点を、子どもだけに向けるのではなく、教師が自分自身にも向け、自分のことを考えることで、子ども達への向き合い方も見えてくるはずです。安易に「問いかける」という手法だけを目の前の目的にせずに、「どう生きたいの？」と自分に問いかけながら、「伝える」と「問いかける」のバランスを見極めていきましょう。高い目標を意識した教師になりたいものです。

5 問いかけが子ども達の「学習過程」や「新規の経験」にどう作用するかを考える

1 よりよい問いかけ方を見つける

「問いかける」ことを大切にしていく際、次のことを心に留めておく必要があります。

- 世界には決まった一つの答えのみが存在するわけではない。
- 子ども達一人ひとりの数だけ「問いかけ」の内容を変える必要がある。
- 教師は子ども達をコントロールすることはできない。

その上で、「私達が子ども達に教えたいことや伝えたいことって何だろう?」と考えることが大切です。子ども達が将来、自分で決めたことについて自信を持って行動することができるように、子ども達と「答えを一緒に探す楽しさ」を分かち合えるようにします。

・うまくいかないときに、どうやって解決するか？
・人とどうやってうまく協力するか？
・新しいことにどうやってチャレンジするか？

こうした教師からの「問いかけ」をきっかけに、子どもと一緒に話し合って確認していきます。たくさん話をすることで、子ども達一人ひとりの特性や興味を知ることもできるでしょう。

「問いかける」ことは、子ども達が自分の経験や考えを通して、何を学びたいか、どう成長していきたいかを自分で見つける手伝いをすることでもあります。子ども達の反応や成長に注意を払い、その様子を丁寧に見取ることで、よりよい「問いかけ」を見つけることができるでしょう。

教師自身が子ども達と共に試行錯誤することで、問いかけることが習慣となります。その結果、教室は元気で学びがいのある場所に変わるでしょう。絶えず子ども達の小さな変化や成長を大切に見取り、その経験を次の「問いかけ」に生かそうとすることが、子ども達にとってよりよい教育環境をつくることにつながります。

2 「問いかけ」の目的や意図を意識する

問いかける目的や意図についての考えを、表3のように8つに整理してみました（次の第4章で一つずつ詳しく述べていきます）。決して単に「問いかければよい」というわけではなく、問いかける側である教師が、その目的や意図をきちんと意識して行う必要があります。

一つひとつの目的や意図によって、実に様々な問いかけの言葉があります。実際に、「この問いかけがよいだろう」と思って、子ども達に問いかけたとしても目的や意図に沿っていなければ、また違う指導や支援、問いかけをする必要が生じます。絶えず、「子ども達の『学習過程』や『新規の経験』にどう作用するか」を見極めながら、必要な問いかけをするようにします。

表3　問いかけの基本

	目的・意図	問いかけの言葉（例）
1	現状を見つめられるようにする	今の状況はどう？ 何があったの？
2	願望を表現できるようにする	どうしたい？ どうなりたい？
3	現状をメタ認知できるようにする	現状を点数で表すと？ どう捉える？
4	自分達で解決策を考えられるようにする	どうすればうまくいくだろう？ どうすればよりよくなるだろう？
5	教師の用意した選択肢から選べるようにする	どの方法を試してみたい？ どれが一番役に立ちそう？
6	取り組むことを具体的に見つけられるようにする	何から始める？ すぐに始められそうなことは？
7	教師に援助を求められるようにする	先生にできることはあるかな？ 何か手伝ってほしいことはある？
8	一つのことをグッと深く考えられるようにする	「○○」って何？ 「△△」って何のためにある？

※第４章で８つに分けて詳述

第4章

ファシリテートのうまい
先生がやっている
「問いかけ」の
基礎基本

1 現状を見つめられるようにする

子ども達の様子を見ていて、「もっとこうなってほしい」「こんなことができたらいいな」「今、ちょっと問題があるな」と感じることがあります。これらの思いのすべてを、すぐそのまま子どもに伝えてしまうと、子ども達はただ指示を待つだけになります。

そこでまずは、**子ども達自身が現状を見つめられるようになる問いかけ**をします。きちんと現状を見つめることができれば、次の行動選択をすることが自然とできるようになります。

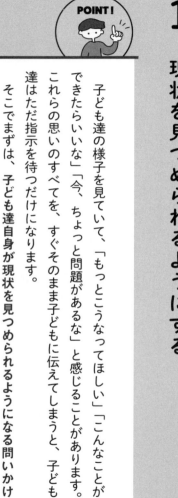

1 すぐに「こうしましょう」と伝えない

教室でこんな子ども達の様子にイライラすることはありませんか。

・授業が始まっているのに静かにならない。
・廊下を走っている。
・ケンカをしている。
・授業中に違うことをしている。

これらの状況に直面したとき、「もっとこうすればいいのに」と思ったり、「これはよくないな」と感じたりして、すぐに「それはよくない」「こうしましょう」と指導してしまった経験のある先生も多いでしょう。

もちろん、人を傷つけること等については、すぐに直接的な指導や支援をする必要があります。しかし、いつもそのような指導や支援が必要なわけではありません。教師がすぐに「解答」のような指導をしてしまうと、子ども達はそれ以上考えることを止めてしまいます。

教師自身は、その状況を見れば「課題だ」と感じますが、子ども達はそうでもないことが多いです。だからこそ、まずは子ども達が現状をしっかりと見つめ直すことができるような問いかけが必要になります。

たとえば、授業開始のチャイムが鳴り終わったにもかかわらず、子ども達がずっと授業に関係のない話を続けているような場面を想像してください。次のように問いかけてみてはどうでしょうか。

もうチャイムが鳴ったけど、今の状況はどう？

このとき、教師がイライラしていたり、あまりにも強いメッセージを伝えようとしたりすると、子ども達はそれを敏感に感じ取ってしまいます。問いかけよりも詰問になってしまいます。子ども達も、そんな教師の求めにすぐに応じようとするでしょう。簡単に「すみませんでした」と謝ったり、ただ静かになるだけで終わったりするかもしれません。

そうではなく、子ども達が自分達の現状を自分達なりに見つめ直すように問いかけると、「あっ」と気づく瞬間が出てくることがあります。そんな問いかけができるようになりたいものです。

2 シンプルな問いかけで現状を見つめ直す

何があったの？

どうしたの？

基本的には、こうしたシンプルであり、開いた問いかけで、子ども達が現状を見つめられるようにしたいものです。実は、子ども達が内面で抱えていることは、思いのほか複雑です。教師が「コントロールしよう」「こう動かそう」とする意図が少しでも見えてしまうと、子ども達はその期待に応えようとしてしまいます。

オープンエンド型の開いた問いかけを、シンプルに投げかけるよう意識すると、本音で話そうとする雰囲気が子ども達の中に自然にできていきます。本音で話すようになれば、教師と子どもが一緒になって現状を見つめやすくもなります。逆にクリアエンド型の閉じた問いかけを連発したり、教師が話しすぎたりしてしまうと、子どもを追い込んでしまい、現状から目を背けることにもなりかねないので、注意が必要です（片山２０２４）。

2

願望を表現できるようにする

子ども達はしばしば教師の期待に応え、その指示に従おうとします。そのような経験を重ねれば重ねるほど、子ども達は、自分の願いやアイデアを表現することは難しいことだと感じるようになります。

教師が「問いかける」ことには、子ども達の成長を念頭においた意図や目的がありますが、必ずしも子ども達の内心と一致するわけではありません。子ども達の声を大切にし、子ども達の**願望を表現できるようにする問いかけ**をすると、自立心や自己表現能力が育つようになっていきます。

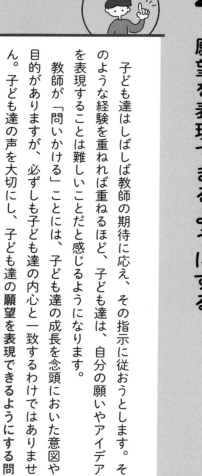

1 子ども達のことを知ろうとする

・子ども達は、今どう感じているのか？
・子ども達は、どうなりたいのか？
・子ども達は、これからどう進もうとしているのか？

子ども達の思いや願いを把握することは、私達がどのように指導や支援をすればよいかを考える上で欠かせないことです。私達教師には、子ども達に対して望むことや期待する姿があります。その期待する姿をもとにした指導や支援が、子ども達にぴったりと合致するように見えることもあります。しかし、それらが子ども達に本当に響いているのか、合致しているのかの本当のところは誰にも分かりません。

たとえば、掃除のときに「子ども達がしっかりと取り組めていない」という課題が見えたとします。そんなとき、教師としては「もっと一生懸命に取り組んでほしい」と思うでしょう。ただ、実際に子ども達がどう感じているか、どうしたいと思っているかは聞いてみないと分かりません。そこで、次のような問いかけをします。

どうしたい？

どんな掃除ができるようになりたい？

こうした問いかけを通じて、子ども達が自分達の願いや目指す姿を考える機会をつくります。これまで「こうすべきだ」「こうしなさい」と言われ続けてきた子達も、自分で考え、自分の望むことや行動を見つけ出すきっかけになるのです。この問いかけで、子ども達は「こうしなさい」「こうあるべき」と指示されるのではなく、「こうしたい」「こうなりたい」という自分の内なる声を見つけることができるようになっていきます。

先生に言われなくても、掃除に関しては何かしらモヤモヤしていることがあったかもしれません。自分の願いを表現できるようにすると、次への道筋が整理されます。願望が表現できるようになる問いかけは、子ども達が自分の次の一歩を考え、実際に動き出すためのものでもあります。

2 自分の道を見つけることを支える

どうなりたい？

どうする？

子ども達が願望を表現できるようにするための問いかけは実に様々あります。ただし、それらの問いかけに対して子ども達が答えるとき、出てくる言葉が子ども達の心の底からの願いを表しているとは限らないことに注意する必要があります。私達大人でも、すぐに自分の思いをうまく言葉にできないことがあります。問いかけられて初めて、自分の気持ちを少しずつ整理し、徐々に言葉にしていくはずです。問いかけた後には、たとえたどたどしい言葉であっても静かに受け止めます。

自分の願望を表現できるようになることは、自分の道を見つけるための大切なステップです。問いかける目的は、そのようなきっかけをつくることにあります。問いかけは、子ども達が自分の未来について考え、自分で決める力を育てるためのものでもあります。

3 現状をメタ認知できるようにする

子ども達が自分の周りで起こっていることをしっかりと捉え、それに基づいて解決策を考えたり、次にどんな行動を取るべきかを見極められるようになったりすると、自分の力で物事を前に進めることができるようになります。

子ども達がもっと深く自分達の状況を見つめ、それについて考える力を育てるためには、自分の思考や感じたことを一歩引いて、**現状をメタ認知できるようにする問いかけ**をすることが有効です。

1 メタ認知できるように問いかける

「メタ認知」について、三宮（２０２２）は次のように記しています。

メタ認知とは、認知についての認知、認知をより上位の観点からとらえたものと言えます。自分自身や他者の認知について考えたり理解したりすること、認知をもう一段上からとらえることを意味します。

先の「現状を見つめる」で、問いかけて子ども達と共に、現在起こっていることを捉えることについて述べました。その問いかけは既に「メタ認知する」ことにつながっていますが、この節ではさらに「メタ認知する」ことに焦点を当てた問いかけについて考えます。

たとえば、掃除が終わった後に、子ども達に次のように問いかけます。掃除の取り組みを百点満点で数値にして表してもらいます。

今日の掃除は、自分で何点くらいだと思う？

子ども達なりに、自分達の掃除を振り返って点数をつけようとします。「何点にしようかな？」と考える過程で「自分のできたこと」「もう少し改善が必要なこと」に気がつくことができます。たとえば、「八十点」と答えた子には、さらに次のように問いかけます。

その八十点は、どうしてだと思う？

子ども達は隅まで掃除をしたことや用具を丁寧に片付けたことなど、自分が頑張った点を話すでしょう。まずは、自分達の「できたこと」に目を向けられるようにします。

その上で、課題にもきちんと目を向けられるように、こう問いかけてみましょう。

どうすれば八十五点になりそう？

できている点を認めつつ、ちょっとだけさらに上の状態をイメージできるような問いかけをすると、「もっと早く始めたらよいだろう」「途中で話し込まないようにすればいいかもしれない」など、自然と具体的な改善点を見つけようとします。

子ども達がそれぞれ点数をつけるので、同じ場所を掃除していても、点数が違うことがあります。時には、一生懸命やった子の点数が低かったり、逆にそうでない子が高い点をつけたりすることもあるでしょう。だからこそ、互いに聴き合うことで、改めて掃除を振り返ったり、「よい掃除」の基準を捉え直したりすることができます。

2 「メタ」の視点から捉えられるようにする

今、この状況ってどのように捉える？

現状をただ整理するだけでなく、「客観的にどう見えるか」を考えることで、子ども達のメタ認知能力を育てることができます。自然に自分自身に問いかけ、答えを見つけることができる子もいれば、問いかけられて、初めてそうした考え方に目覚める子もいます。ただ、メタ認知のスキルは、子どもが少し成長（高学年）してから発達すると言われています。そのため、問いかけすぎると、子ども達が混乱してしまうでしょう。

大切なのは、子ども達と一緒に振り返る時間を持つことです。そうすることで、子ども達も徐々に自分の状況を「メタ」の視点から捉えられるようになります。子ども達の成長に合わせて、彼らがたどっている新たな「学習過程」を支えることができればよいでしょう。

4 自分達で解決策を考えられるようにする

「うまくいかない」「よくない」といった状況に直面した際、教師は過去の経験をもとに「この方法ならうまくいくだろう」という解決策を持っているかもしれません。しかし、その解決策を子ども達に直接伝えても、子ども達はより受動的な態度をとってしまいます。

それよりも、子ども達が**自ら解決策を考え出せるようにする問いかけ**を投げかけることが大切です。そうすることで、教師が「うまくいかない」と感じる状況を、子ども達が「自身の解決すべき課題」として捉え直すことができます。

1 自ら解決策を考えられるように問いかける

子ども達が何かに挑戦しているとき、うまくいかない様子であれば、「こんな方法はどうかな？」と自分の考えを伝えたくなることがあるでしょう。もちろん、手がかりがなくて困っている子に対してアドバイスをすることは大切です。しかし、私達が自身の経験から学んだ方法が、いつでも子ども達にぴったり合うとは限りません。教師が解決策をそのまま伝えてしまうと、子ども達はそれを試すだけになり、自分で考える機会を失ってしまいます。

どうすればうまくいくだろう？

重要なのは、解決志向（片山・原田2017）で、子ども達に問いかけることです。解決を意識した問いかけを通じて、子ども達自身が自分の頭で考え、自分達の方法を見つけ出せるようにします。時に、私達が少し心配に感じる考えが出てくるかもしれません。しかし、安全に問題がない限り、子どもが自分で考え、試みることを尊重したいものです。

また、「うまくいく」とはどういうことかを、事前に子ども達と一緒に考えておくことも大切です。子ども達に問いかけ、「どうすれば目標（うまくいく）に近づけるか」を一緒に考えることは、貴重な学びの機会になります。

2 「どうすれば……」を習慣にする

どうすればうまくいくだろう?

どうすればよりよく学べるだろう?

子ども達が「うまくいかない」瞬間に直面することは、子ども達の成長にとって重要なことです。むしろ、「すべてがスムーズに進んでいると感じる」ときの方が、「見過ごしている課題があるかもしれない」と考えた方がよいです。私達大人でさえ、日々、様々な「うまくいかない」にぶつかります。それらに直面するたびに、「どうすればこの状況を乗り越えられるだろう?」と自問自答し、解決への道を切り開いています。

この「どうすれば……?」という解決志向的問いかけは、子ども達が自ら解決策を考え出す重要なきっかけになります。問いかけられたことについて、子ども達が子ども達なりに、「この方法ならうまくいくかもしれない」と考えて（仮説）、試してみる（試行）ことは、学びの過程そのものです。私達は、子ども達がこの試行錯誤のプロセスを自然に行えるように、「どうすれば？」と問いかけることを習慣にすることが重要です。

解決策を見つける過程で、子どもには恐怖や不安も生まれます。その恐怖や不安を取り除くことができれば、子ども達はより自由に、楽しみながら問題解決の方法を模索するようになります。

子ども達が問題に直面したときこそ、教師が笑顔で「こんなところはうまくいっているよ」と、できているところを挙げながら、「ではこの後、どうすればさらにうまくいくだろう？」と問いかければ、子ども達も解決策を見つけ出し、実践することに前向きになるでしょう。

教師の雰囲気も自ずと伝わります。この試行錯誤の過程を通じて、子ども達の自己効力感が高まるのを感じることもできます。教師の役割は、このような問いかけを通じて、子ども達が自ら考え、答えを見つける力を育てることです。問題解決への道を一緒に探ることで、子ども達の思考力や創造力を引き出すことができます。子ども達の成長を支え、将来逞《たくま》しく生きる子どもを育てていくことが、私達教師には求められています。

5

教師の用意した選択肢から選べるようにする

問いかけることで、すべての子ども達が「これを試そう」「こんな方法がいいかも」とすぐに答えを見つけられるとは限りません。自分自身で考え、行動する経験が少ない子ども達は、思いつく選択肢が限られています。そんなとき、先生が手助けとして**いくつかの選択肢を提案する問いかけを**すると役立つかもしれません。

子ども達がその選択肢のうちどれか自分に合ったものを選べるようにすることで、「選択する楽しみ」や「自分で決めて行動する喜び」を育む機会になり、子どもの自己決定を支えます。

1 解決策を思いつく子ばかりではない

「どうすればうまくいくだろう?」という問いかけに対し、自分なりの解決策を思いつく子もいれば、そうではない子もいます。子ども達一人ひとりが持つ知識や経験が異なるため、解決策を考えることが難しい場合もあるでしょう。そんな中で解決策を考えることを強いると、子ども達にとって負担になることもあります。だからといって、「これをしましょう」と指示するだけでは、子ども達は受動的になってしまいます。

そこで、教師から様々な選択肢を提示し、子ども達が自分に合った方法や望む行動を選べるようにすることが大事です。たとえば、漢字学習について「どうすればよりよい漢字学習ができるだろう?」と問われたとき、子どもによっては、「よりよい漢字学習」を見つけ出すことは難しいことかもしれません。そんなときは、次のような選択肢を示してはどうでしょうか。

・漢字をたくさん書く。
・様々な熟語を見つける。

・丁寧になぞり書きする。

その後、子ども達に問いかけます。

どの方法を試してみたい？

どれが一番役に立ちそう？

これにより、子ども達は「これからはこれを試してみよう」「こんな工夫をしてみよう」と自分で決めて行動に移すことができます。

子ども達に示した選択肢のすべてが大切なものであっても、それらをすべて実践することは子どもの負担になり、自分で考える機会を奪ってしまうことにもなります。自分で選択するからこそ、学習はより意味のあるものになるのです。

漢字テストなどでうまくいかないことに遭遇したときも、「もしかしたら違う方法があるかも」「前に考えた選択肢で他に試せることはないか」……と、自分で考えるヒントになります。この過程を繰り返すことで、子ども達の「こうすればうまくいくかも」という考えの選択肢は徐々に広がっていくでしょう。

2 小さな一歩を踏み出せるように支える

解決策を見つけるのが得意ではない子どもも、「いくつかの選択肢から一つを選ぶ」のであれば、もっと気軽にできるはずです。この小さな一歩が、子ども達が自信を持って自己決定するきっかけになります。

長い間、指示されたことを受け身で行ってきた子ども達は、自分で決断することができません。大人から指示されて、自分で考えることに慣れていないのです。教師から選択肢を示すと、子ども達が自分の意志で一歩を踏み出すことができます。

「教師の用意した選択肢から自分で選ぶ」という単純な行動でも、子ども達は自分の選んだことに責任を感じ、それに基づいて行動します。この経験は、子ども達にとってとても大切なものです。だからこそ、自分で選んだこと、そしてそれを実行したことに対して、適切なフィードバックを与えるとよいでしょう。

フィードバックがあると、子どもは自分で考え、選ぶことの価値をより深く理解するようになります。そうなると、自分の判断を信じる力も育っていきます。

6

取り組むことを具体的に見つけられるようにする

子ども達が新しいことに挑戦しようとするとき、すぐに行動に移せないことがよくあります。また、考えるだけで終わることもあれば、アイデアに満足して行動に移せないこともあります。

取り組むことを具体的に見つけられるような問いかけをすることで、実際に行動に移すことができるようになります。この過程は、子ども達の学びや成長にとってとても重要です。教師は子ども達が自分で考えたことを行動に移せるよう丁寧に支援する必要があります。

1 行動するきっかけをつくる

子ども達が新しいことに挑戦したいと思っても、いきなり行動に移せるわけではありません。「これをやってみたら楽しいかな」「こんな方法ならうまくいくかも」と思い浮かべるだけで終わってしまうこともよくあります。

過去には、「教室の机やロッカーをきれいにしよう」と言い出して、いろいろなアイデアを思いついた子がいました。しかし、次の日もその次の日も何も変わりませんでした。アイデアを思いつくことにはやる気を見せたのですが、たくさんのアイデアを出したことに満足してしまい、行動には移せなかったのです。もちろん、問題について自分で考えたり、解決策を見つけ出そうとしたりすることは素晴らしいことですが、結果として何も変わらなければもったいない話です。

何から始める？

すぐに始められそうなことは？

いろいろ考えた中で一番大切だと思ったのは？

最初にどれからやってみる？

このような問いかけをすることで、子どもは「実際に取り組むこと」を自分で決めることができるようになります。そこから子どもが選んだ行動を始めるときには、そっと見守りながら、適宜、励ますことが大切です。子どもが「このことから取り組んでみよう」と選べるようなとっかかりをつくると、次の過程へと進みやすくなります。誰もが「考えたことをすぐに実行に移せる」わけではありません。教師は、子ども達が自分で選んだことを行動に移せるように、いろいろな手立てで支えることが大事です。

2 「問いかければ行動する」わけではない

子ども達に何かを問いかけたとき、私達が期待するほど「すぐに行動に移す」とは限りません。実際には、「考えるだけで行動には至らない」ことはよくあります。大人のダイエットなどよい例で、決して珍しいことではありません。「問いかけるだけでうまくいく」

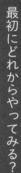

と思うのは楽観的すぎます。子ども達が自ら試してみる機会や経験をあまり持っていない場合、一歩を踏み出すためには、もっと具体的な支援が必要です。

私自身、過去には子ども達に「具体的に何をするか」について十分に問いかけることをしないまま、何も行動しない子どもの様子を見て、つい注意したり、怒ってしまったりしたことがありました。しかし、そうすることで、子ども達はさらに受動的な姿を見せるようになりました。私は、問いかけの本来の意図を見失っていたのです。

それからは、「具体的に何をするか」を決める過程をつくるための問いかけをして、子ども達が自分で考え、行動に移せるようになることを心がけるようにしました。子ども達がその過程を自然に取り入れ、次のステップへと進めるようになったとき、本当の成長が見られます。

この経験から、問いかけは子ども達の学びや成長の過程を深める重要な手段であることを再確認しました。教師には、子ども達が自分の経験を通じて学び、成長するよう支援する役割があります。そのためには、ただ問いかけるだけでなく、子ども達が自分で考え、行動に移せるようにすることが大切です。私自身、その過程を支える問いかけを探し続けたいです。第2章に出てきたオランダの先生達も、きっとそうしているはずです。

7

教師に援助を求められるようにする

子ども達が自分達の力で問題を解決できるようになることは、成長にとって重要です。しかし、そのすべてを子ども達に任せるとプレッシャーを感じさせかねません。適切な問いかけをすることによって、子ども達は安心感を持ち、必要なときには助けを求めることができるようになります。

問いかけて、「子ども達の行動は自己責任です」ではなく、子どもが不安な状態にいることを悟ったときには、**教師に援助を求められるようにする問いかけ**が必要です。

1 教師を頼れるようにする

子ども達が自分の力で問題を解決する過程は、子ども達の成長にとって非常に価値があるものです。しかし、すべてを子ども達自身に任せてしまうと、子ども達を不必要にプレッシャーの中に置いてしまうことになりかねません。「自分一人で解決策を見つけて行動しなければならない」と感じると、子どもは現実に圧倒されたり、挑戦すること自体を避けたりするようになる恐れがあります。だからこそ、教師が積極的にかかわり、支援の手を差し伸べることが大切です。

先生にできることはあるかな？

何か手伝ってほしいことはありますか？

こうした問いかけは、子ども達にとって、「自分が困ったときに頼れるところがある」という安心感を与えます。

数年前、私の学級によく物を忘れる子がいました。その際、教師として「どうすれば忘れずに済むかな?」「何から始めよう?」と声をかけ、その子自身もいろいろ考え、行動しようと前向きに取り組んでいましたが、その忘れ物はなかなか改善されませんでした。

そこで、「先生に何か手伝えることはあるかな?」と問いかけると、「もし僕が五回忘れたら、もう一度一緒に考えてほしい」という返事が返ってきました。その答えを受け止め、四回は静かに見守りました。その後さらに忘れ物をしたので、いよいよ五回目ということになり、約束通り一緒に解決策を考えることにしました。

自分で解決策を考えて、実際に行動したからといって、誰もがすぐに「うまくいく」わけではありません。大人でも「解決しよう」と思って行動しても、「うまくいかない」ことはたくさんあります。何度か試行錯誤を重ねるうちに、改善の兆しが見えてきます。

教師としては、子ども達が「うまくいく」ために、「いつ声をかけるべきか」「どのように声をかけるか」について悩むでしょう。試行錯誤の途中で無理に介入することで、子ども達の自主性を妨げてしまう恐れもあります。先の忘れ物をする子どもについては、「五回目には一緒に考えてほしい」と、自ら希望を伝えられるようにしたことで、共に問題解決を考えることができました。

このように、よりよい指導や支援、声かけ等の最適なタイミングは、子ども達一人ひとり異なります。子ども達一人ひとりの願望を受け止めた上で、「教師とどのように進んでいきたいか」を適切に伝えられるようにすることが大切です。子どもが自ら求めたタイミングで支援できるようにすることで、子ども達は受け身になることなく、自分の問題に向き合うことができるようになります。

2 「先生にできることはあるかな？」を習慣にする

「先生にできることはあるかな？」という問いかけを心がけることで、子ども達はすべてを自分一人で解決しようとせず、必要なときには適切に助けを求めることができるようになります。このことは、子ども達が自分の思いや必要とする支援を適切に表現できるようになるだけでなく、教師と子どもの間で信頼関係を深め、共に問題解決に取り組む関係性を築くことにもなります。

「先生にできることはあるかな？」という問いかけを習慣にすることで、子ども達は安心感を持つことができます。「この部分は先生に頼る」というところ以外は、その行動に責任を持つようにもなるでしょう。「問いかけて終わり」にするのではなく、「先生にできることはあるかな？」もセットにして習慣にすることができるようにしたいものです。

8 一つのことをグッと深く考えられるようにする

「宿題」「ルール」「学ぶ」など、教室で子ども達と使う言葉や日常の出来事について、じっくりと向き合わないまま指導や支援をしている場合があります。子ども達に問いかけて、じっくりと考えられるようにすると、一人ひとりが自分なりに意味づけをするようになります。

子ども達一人ひとりには「違い」があります。だからこそ、仲間と考えを聴き合うことで、意味づけが更新されます。**一つのことをグッと深く考えられるようにする問いかけ**をして、日常生活でサラッと流れてしまうようなことを深く考えるきっかけをつくりましょう。

1 意味を考えるようにする

私達教師が教室でよく使う言葉は、子ども達全員が同じように理解しているわけではありません。たとえば、私達が当たり前のように言う「宿題をしましょう」という言葉も、子ども達には様々な意味を持ち得ます。教師から見れば、宿題には学ぶべき価値や大切な意図があるかもしれません。しかし、子ども達は、「面倒くさいもの」と捉えていることもあります。このような教師と子どもの間にある齟齬は、決して無視できるものではありません。

とはいえ、宿題の重要性について教師が詳しく説明しても、子ども達がすぐに「やる気になった」「大切だと感じた」と思うことなどないでしょう。教師の熱い説明（説教）が終われば、そのモチベーションも消えてしまいます。

「宿題」って何？

「宿題」って何のためにあるのだろう？

このように問いかけると、子ども達なりに考えるようになります。教師が持つ宿題への願いや考えも大事ですが、何より子ども達自身がどう感じているかを知った上で、「どうするのか」を共に考えることが重要です。子ども達が宿題そのものについてじっくりと考えることで、「宿題は自分にとってなぜ大事なのか」「宿題をする目的は何なのか」など、子どもなりに意味を見出せるようになります。「宿題はただの苦痛」「宿題は嫌い」と感じている子も、このような問いかけによって徐々に宿題の意義や目的を見つけることができるようになります。

こちらからただ押し付けるのではなく、子ども達が自分でその価値を見つけられるように導くことが、子ども達の学びを支えます。この過程を経ると、宿題に対する子ども達の姿勢は変わっていきます。

2 細かいことにこだわるようにする

「授業を始める」「授業が始まる」さて、どっちを目指す?

「細かいことを問いかけているなぁ」と、受け止められてしまうかもしれません。しかし、子ども達が日々の中でどのように物事を見ているかを知るためには、こうした細かいことについて問いかけをする必要があります。自分の考えを押し付けるのではなく、何を大切にし、何を心に留めていくかを一緒に見つけ出す過程を大切にしたいものです。

教室には、様々な考えを持つ子ども達で溢れています。学級全体に同じ問いかけをしても、子ども達一人ひとりから返ってくる答えは多種多様です。こうした細かいところにこだわったやりとりをすることによって、子ども達も教師も「へえ、こんな見方もあるんだ」「この考え方、新鮮だな」と、新しい発見をすることができるようになります。

最初は教師から問いかけを始めるかもしれませんが、時間が経つにつれ、子ども達も自分なりに、様々な物事に対して深く関心を持つようになります。そうなれば、教師が問いかけをしなくても、子ども達自身で物事の意味や目的を見つけたり、それに基づいて自分から行動したりするようになります。

そのためには、まず教師自身が、日々の小さなことにどれだけ真剣に向き合っているかが大切です。「問いかけるってどういうことだろう?」「質問とはどう違うのだろう?」と。さらに自分自身に対しても、好奇心を持って「この先どうする?」「自分は何がしたいの?」と問いかければ、自らより豊かな教師生活にしていけるように思います。

【参考文献】

・今井鑑三（1997）『子どもが生きているか』今井鑑三遺稿集編集委員会
・片山紀子編著／若松俊介著（2017）『「深い学び」を支える学級はコーチングでつくる』ミネルヴァ書房
・片山紀子・若松俊介（2019）『対話を生み出す　授業ファシリテート入門～話し合いで深い学びを実現～』ジダイ社
・片山紀子編著／原田かおる著（2017）『知ってるつもりのコーチング　苦手意識がなくなる前向き生徒指導』学事出版
・片山紀子編著（2024）『生徒指導の聴き取り方～場面設定から質問技法まで』学事出版
・木村明憲・佐藤和紀・若松俊介（2023）『これからの「学び」の話をしよう』明治図書
・佐藤佐敏（2013）『思考力を高める授業　作品を解釈するメカニズム』三省堂
・三宮真智子（2022）『メタ認知　あなたの頭はもっとよくなる』中央公論新社
・若松俊介（2020）『教師のいらない授業のつくり方』明治図書
・若松俊介（2021）『教師のいらない学級のつくり方』明治図書
・若松俊介（2022）『高学年児童こそ「叱らない」指導！』学陽書房
・若松俊介・宗實直樹（2023）『子どもの見方が変わる！「見取り」の技術』学陽書房

第5章

ファシリテートのうまい
先生がやっている
学級づくりの
「問いかけ」

1 学級開きのときの問いかけ

学級開きは、子ども達と学級を築く上で大事な時間です。「理想とすることや価値観を子ども達に伝えたい」と考えるのが教師の癖かもしれません。しかし、多くの情報を伝えすぎると子ども達に負担がかかります。子ども達が自ら考えるきっかけを与えられるように、**伝えたいことをシンプルにした問いかけ**にします。

情報過多にならないよう気をつけながら、大切なことを見つける過程を一緒に楽しみます。その過程を通して、子ども達は自立的に考える力を養います。

1 伝えたいことをシンプルにする

新学期、教師は学級開きに向けて様々な準備をします。特に、最初の3日間は、「黄金の3日間」と呼ばれることがあり、重要な時期です。その後の1年間の雰囲気を築く大切な期間ですから、よりよいものにしようと、「こんな時間をつくろう」「こんな話をしよう」など、いろいろなことを思い描く先生が多いのではないでしょうか。

教師として、理想とすることや子ども達と大事にしたい価値観があるのは自然なことです。これらを心に留めることは、とても素晴らしいことです。しかし、あれもこれもと「たくさんの伝えたいこと」を全部一度に伝えようとすると、子ども達は負担を感じ、疲れてしまいます。

子ども達に伝えたいことは、シンプルな言葉に絞り込むのがよいでしょう。私の場合、「学級では、一人ひとりの『笑顔』を大切にしたいです」というメッセージから始めることが多いです。そして、次のように問いかけます。

一人ひとりの「笑顔」が大切にされるために大事なことは何だろう？

この問いかけを通じて、子ども達が互いの「笑顔」を守ったり、つくったりするために大切なことについていろいろと考えを出すようになります。

- 怪我をしないように、危ないことはしない。
- 相手が「笑顔」になっているか想像する。
- 相手を傷つける行動をしないようにする。
- 「笑顔」が増えるような取り組みや遊びをする。

こちらが「伝えたい」と思っていたことも、子ども達とのやりとりの中で、自然に共有されます。大事なのは、教師が一方的にルールを決めるのではなく、子ども達と、「大切にしたいことを共に見つける」過程を楽しむことです。この過程を通じて、子ども達は自分で考え、意見を持つ力をつけていきます。同時に教師もまた、子ども達と一緒に成長していく喜びを感じることができます。

2 大事なことを一緒に見つける

学級が始まったばかりの時期は、まだ具体的なルールが定まっていません。この時期こそ、子ども達と一緒に、日々の様々な場面で「大事なこと」を見つける絶好の機会といえます。たとえば、始業式で体育館に向かう際には、次のように問いかけます。

体育館に行くまでに、どんなことを心がけたらいいかな?

始業式では、どんなことを大事にしたい?

このように問いかけることで、体育館への移動や始業式を迎えるにあたっての振る舞いやマナー、大切にしたい思いを、子ども達自身が見つけることができます。自分の言葉で表現することで、これらのことを「大切にしよう」という気持ちが芽生えます。

学級開きである新年度最初の日に、教師から「これを大事にしましょう」といったことを連発されると、子ども達は疲れるだけです。それよりも、問いかけを通じて新鮮な雰囲気を感じられるようにすることができれば、子ども達の心にも新たな気持ちが生まれます。「子ども達と一緒に見つける」ことを、学級開きのときから大切にしていきたいものです。

2

意味のある学級目標にするための問いかけ

学級目標は、「ルール」や「マナー」ではありません。あくまでも「子ども達にとっての目標」になるようにします。そのためには、これまでの目標との向き合い方を振り返ったり、その目的やつくり方を一緒に考えたりして、**意味のある学級目標**にする必要があります。

学級目標を決めたらそれで終わりではありません。その後の過程を大事にしながら問いかけ続けることで、学級目標と子ども達の生活とがつながって、学級目標が子ども達にとって本当に意味のあるものになります。

1 学級目標の意味を問う

新しい学年の始まりは、教師にとっても子ども達にとっても、新しいスタートです。この時期に、どのようにして学級としての方向性を定めていくかは、とても大切です。多くの先生が、学級目標を立てることに重きを置いているのも、そのためです。私も以前は、「子ども達と一緒に早く学級目標を決めたい」と考えていました。

学級目標について考える際には、子ども達に次のようなシンプルな問いかけをすることから始めるのがよいでしょう。

学級目標って、一体何だろう？

学級目標は、私達にとってどんな意味があるのだろう？

この問いかけを通じて、子ども達は学級目標そのものや、過去に学級目標とどのように向き合ってきたかについて、じっくり考えることができます。もしかしたら、今までの学級目標は形式的につくられ、教室前方のお飾りになっていただけかもしれません。

学級目標の真の意味や目的を子ども達と共有できたら、そのことこそが意味のあることです。もし、子ども達が「実は、学級目標って必要ないかもしれない」と感じたら、その考えを大事にすればいいでしょう。以前、私の学級でもそのような話が出て、学級目標をつくらないこともありました。子ども達から「一人ひとりが大事にしたいことを、お互いに大事にすればよい」という意見が出たからです。

もし、学級目標をつくるのであれば、何よりも、設定する目標が子ども達にとって必要なものであることが大切です。

2 学級目標と日常の生活をつなげる

学級目標をどうやってつくろう?

学級目標をつくる際には、このように問いかけて、子ども達と一緒に「学級目標のつくり方」を考えてみるとよいでしょう。学級目標をつくるのは、教師だけの仕事ではありません。子ども達一人ひとりが過ごすことになる学級の目標です。子ども達と一緒に考えることが何より大切です。

子ども達から、「学級目標って、結局飾りになってしまうことが多いよね」という声を聞くことがあります。せっかく一生懸命につくった目標が、気づけば壁の飾りと化してしまう……、そんな経験を子ども達は既に経験しています。それでは、「学級目標は意味のないもの」と捉えられても仕方ありません。そこで、学級目標を決めてしばらくしてから、次のように問いかけてみてはどうでしょう。

学級目標について、最近どう思う？

学級目標をもとに、最近うまくいっていることは？

このようなやりとりを通して、学級目標をただのお飾りではなく、子ども達の日常生活に根差したものにしていきます。こうしたやりとりを繰り返すことで、学級目標が子ども達にとってより身近な存在になります。教師からの問いかけがきっかけで、子ども達が自分達で目標を見直すこともあるでしょう。

学級目標を共に考え、学級目標を通して、共に成長する過程を大切にしましょう。それが、子ども達にとって本当に意味を持つ学級目標になります。

3

ケンカが起きたときの問いかけ

ケンカが起きたら「すぐに解決しないといけない」と思うかもしれません。しかし、それよりも子ども達自身がその状況を整理することが大切です。そうすることで、子ども達自身が解決への道筋を見つけていくことができるでしょう。

ケンカが起きたら、ケンカを解決するための指導よりも、**状況を整理する問いかけ**を意識します。ケンカをしても、その後意味のある時間を過ごすことができれば、子ども達の今後につなげることができます。

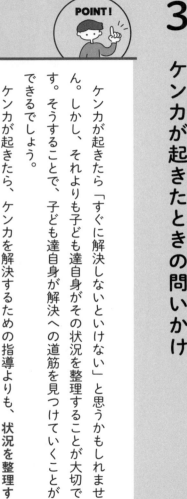

1 「ケンカ」を整理する

学級には、本当に様々な子どもがいます。共に過ごしている中で、小さなすれ違いが生じたり、ケンカが起こったりするのは自然なことで、全くケンカが起こらないことなど、あり得ません。だからこそ、ケンカを通して深く考える機会になるような問いかけをします。

何があったの？

どうしたの？

まずは、右のように子ども達が実際に起こった状況を冷静に見つめられるように問いかけます。ケンカの詳細を教師が把握しているわけではありませんから、まずは子ども達に自分の言葉でその出来事を説明してもらうようにします。これにより、子ども達は起きたことを整理することができます。ケンカの最中には興奮していた心も、状況を整理することで少しずつ落ち着いていきます。

次に、こう問いかけてみましょう。

どうしたい？

解決に向けた子ども達の願いを聞くようにします。ケンカの解決策を教師が一方的に押し付けるのではありません。子ども達の声に耳を傾けるのです。

「自分達で解決したい」と思っている子もいれば、「先生に介入してほしい」と願う子もいます。こうした子ども達一人ひとりの願いを踏まえ、その子にとって適切な支援や指導を行います。

最後に、その場で起きたことを振り返ることができるような問いかけもします。

どうすればお互いに笑顔でいられただろう？

ケンカをした際には、つい相手の非となる部分を責めがちです。しかし、自分の行動も見直すことができるようにすることで、「もっとこんなふうにすればよかった」「あのとき、もっと冷静になればよかった」と考えることができます。ケンカを振り返ると、学びになることが多いです。

2 今後の生活につなげられるようにする

これからどうしたい？

このような問いかけを通して、今回のケンカをどのように解決し、これからどう前に進めたいかを考えられるようにすることができます。子ども達の間で起こったすれ違いが原因のケンカです。だからこそ、このすれ違いをどう乗り越えていくかを子ども達自身が考えられるようにすることが大切です。

もし、ケンカが起きるたびに教師がすぐに解決策を提示してしまうと、子ども達は問題解決を教師に依存するようになってしまうでしょう。そうなると、何かあるたびに教師に頼ってしまうようになってしまいます。

ケンカが解決したからといって、それで二度と同じことが起きないわけではありません。問いかけを通じて、子ども達自身がケンカを含めた人とのかかわり方を学んでいくことができれば、もし再度ケンカが起きても自分達で解決するようになっていくでしょう。

4

2学期や3学期の始めの問いかけ

2学期や3学期の始めは、学級開きとはまた違った雰囲気があります。「これまでの学期とつなげたい先生」と「普通に生活を始めたい子ども達」との間ですれ違いが生まれないように、**それぞれの思いがつながるような問いかけ**をします。

あくまでも、子ども達自身が新学期の生活において大事にしたいことや取り組みたいことを見つけられるように問いかけるということです。子ども達の願いをもとに、一緒になって新学期の生活を始められるようにしましょう。

1 子ども達の考えていることを聞く

2学期や3学期が始まると、教師は前学期の終わりに子ども達が見せてくれた姿を思い出し、「さらにこんな学級にしよう」「もっとこんなことができるようにしよう」と、子ども達に伝えたいことがたくさん浮かんでしまいます。長い休みの間に、教師が新しいアイデアや学びを増やすと、「伝えたいこと」がさらに溢れてしまうかもしれません。

しかし、子ども達にとっては、ただの休み明けです。子どもは教師のように新学期への熱い思いを持っているわけではありません。教師の熱意が子ども達とのズレを大きくしてしまうかもしれません。そうなると、うまくいくものも、うまくいきません。そこで重要になってくるのが、やはり子ども達に問いかけることです。

2学期に何をしたい？

3学期に何をやるべきだと思う？

このように問いかけることで、子ども達はやりたいことや、やるべきことを自ら見つけ出すでしょう。教師に問いかけられることで、新学期への思いや願いが湧き出てくるかもしれません。私達が大切だと思っていることや、取り組むべきだと思っていることを子ども達が自分で見つけ出せば、それらを一緒に進めていくことが可能になります。

もちろん、子ども達だけでは見落としてしまう視点もあります。そのときは教師から伝えることも必要です。すべてを子ども達に任せるわけではなく、「子ども達と一緒に見つける」という姿勢が大切です。

「子ども達をもっと成長させたい」という願いはとても大切ですが、その思いが子ども達との間で空回りしないように気をつけたいものです。問いかけることで、「子ども達が何を願っているのか」「子ども達が何を感じているのか」を理解することができます。そこから、一緒に考えていくことができます。

問いかけることで、「教師と子ども達が共に歩む」という視点を大切にしたいものです。このような意識を持つと、子ども達に問いかける教師の雰囲気も自ずと穏やかなものに変わっていきます。

2 前学期からの「つながり」を考える

次の学期にチャレンジしたいことは？

学期が終わる際に、右のように子ども達に問いかけることで、子どもは次学期のことを意識することができます。この問いかけは、子ども達が終えようとするその学期の生活を振り返り、次学期への意欲を高める手助けになります。子ども達が自分で学期間のつながりをイメージできるようになると、各学期をスムーズに結び付けられます。

2学期や3学期が始まった際に、前学期の最後に自分達が書き留めたことを見ながら振り返るようにすると、前学期の学びや生活が思い出されます。「あんなこともあったな」「今学期は〇〇を大事にしよう」と、子ども達なりに様々なことを考えるでしょう。

学期間を子ども自身が自らつなげられるような問いかけをしたいものです。教師が一生懸命、前学期のことを思い出させる必要などありません。休みの間に、子ども達には新しい目標が生まれるかもしれません。それは自然なことです。そんな「現在」の子ども達を受け止めて、一緒に進むことを大切にしたいものです。

第6章

ファシリテートのうまい
先生がやっている
授業づくりの「問いかけ」

授業全般の問いかけ

1 子ども同士が聴き合える問いかけ

友達と互いの気づきを重ねることで、子ども達の学びは豊かになります。教室の中に「問い合える関係」があると、学びが加速します。

ただし、「聴く」ことは簡単なようでとても難しいです。「言いたい！」という思いが先行し、自分の意見を言いっぱなしで、気づけば教師とその子だけが対話しているということもよくあります。また、形式的に「聴く」ことを求め、体だけが向いていたり、頷きや相槌をしたりするのみで聴き合う楽しさを味わえていない子もいます。問い合える関係づくりのために、**互いの意見を聴き合えるような問いかけ**が大切です。

1 友達の考えを受け止めることが聴くことのスタート

学級全体で聴き合う雰囲気づくりのために教師が学級の現在地を見取り、段階に合わせて問いかけていくことで、友達の考えから学ぶ土台づくりを行っていきます。

もう一回言える人？（再生を促し、聴く必然性を生む）

今の話の大事なところは？　キーワードは？（聞いたことの要点を捉える）

○○さんの続きが言える人？（要点を捉え、その続きを想像する）

どこ（資料や文、事象など）からそう考えたの？（根拠を考える）

このように問いかけ続けることで、子ども達の聴く力を高めていきます。しかし、聴くことだけを求め続けると、聴く楽しさから遠のいていってしまうので注意が必要です。

2 友達の考えから広げる問いかけ

友達の考えが聴けるようになってくると、「そうそう」「う～ん」という自然な呟きが増えてきます。よく聴いて、考えている現れです。そういった反応を見取り、その反応の理由をその子や学級全体で考え、問いかけることで、友達の考えを聴くおもしろさや友達の考えから学びを深める実感を生みます。

今、頷いていたね。どんなことを考えていたの？

○○さんが「あぁ！」と言った気持ち分かる？

また、「このことについてあなたはどう思う？」などと一つの意見を取り上げ、立ち止まる問いかけを行い、一人ひとりが自分の考えを持てるようにします。そうすることで、友達の考えから学ぶ素地ができ、問い合える関係に近づいていきます。

3 聴き合える関係を味わう問いかけ

聴き合える学びが習慣化されると、教師が問うことなく、つながりや問いかけが生まれます。そういった瞬間を見逃さずに、次のように問いかけてみてはどうでしょう。

今のやりとりがいいなと思ったのだけど、どうしてか分かる？

学びが深まった瞬間を共に味わうことで、その楽しさが学級全体に広がり、聴き合う習慣がつきます。教師が子どもの発言を丁寧に聴く習慣が何よりも大切です。子どもは教師の姿を見ながら育っていきます。教師が気づきを受け止め、意図的に問いかけていく習慣を備えていることが、子どもの「問う力」を育てます。教師自身が子どもから学ぶ姿勢を忘れず、自分自身の学びを問い、更新し続けていく習慣を意識していくことが大事です。

ただ、教師が学ばせたいことに近づけるために問い返してばかりいると、学びへの熱は下がっていきます。教科や学びの重点に自然と向かえるよう準備しておき、子どもの発言と向き合い、教師の出どころ（出るべき場面）を探るようにしましょう。

授業全般の問いかけ

2 現在地を整理し、問題を焦点化し、見通しを立てる問いかけ

子ども達が課題を解決するには、**「整理する」「焦点化する」「見通す」ことを意識した問いかけ**が有効です。まず、問題に対する現在地を整理し、そこから、何を解決していくかに焦点化する。そして、どのように取り組んでいけばよいかまで見通すことで、子どもは自らの力で学びに向かっていけるようになります。

子ども達一人ひとりの学びの過程は単純に思えて複雑です。教師が事前に準備した見通しだけではなく、子ども達が自分の言葉で見通しを立てていく経験が、子どもを自立した学習者にしていくと考えます。

1 整理する問いかけ

子ども達自身が今の自分の現在地を知るために、何を「分かっているのか」「分かっていないのか」を「整理する」問いかけを行います。

この問題で、分かるところは？

この問題で、今の自分では解けないところは？

たとえば、算数の授業。問題を学級全体に提示したときや課題解決の場面で困っている子がいたときに、教師が「分かること」と「分からないこと」を「整理する」問いかけをします。すると子ども達は、問題に対する自分の現在地を知ることができます。「分からないこと」や「知らないこと」が可視化されると、子どもにも学習の見通しが立ちます。

また、調べたり探究したりする学習でも「整理する」ことを意識した問いかけは有効です。「調べて分かったことは？」「まだ分からないことは？」など、既知と未知を整理していくと、次の問いへ向かうきっかけにもなります。

2 焦点化する問いかけ

問題に対する自分の現在地が整理されると、次は課題や問題のどこを考えていけばよいかを「焦点化する」必要があります。

何ができるようになれば、この課題は解決すると思う？

これまでの学習との違いは何かな？

困っている子の多くは、何に取り組めばよいのかが分かっていないのです。教師がめあてや目標として提示するのではなく、子ども達自身が言葉にしていくことが大切です。子ども達は、「何を解決していけばよいか」や「どのようなことが分かればよいか」など、課題を焦点化することができるようになると、学びを自分ごとにしていきます。

子ども達の学習への理解度は様々です。「〇〇ってどういうこと？」「△△とは、つまり？」など、言葉や知識の理解に「焦点化する」問いかけは、分からないことが言語化され、その後の見通しを持ちやすくすることにつながります。

3 見通す問いかけ

「整理」「焦点化」した現在地から、これから何をしていけばよいかを「見通す」ことができれば、子ども達は自分の力で学習に向かっていこうとします。見通すためには、現在地とゴールを比べたり、整理し把握した情報を関係づけたりすることを意識します。

たとえば、算数の見通しの場面では、整理した情報をもとに、どのように考えたら解決に向かうかを問いかけます。

「わからない」ところの○○を解決するためには、どう考えたらよさそう？

学習してきたことを何と（どこと）つなげたら解決できそう？

その子が何に困っているのかを探り、見通すためには何に気づけばよいのかを考えながら「整理する」「焦点化する」「見通す」を使い分けていきます。課題解決の思考過程を問いかけにより子ども達の言葉で紡いでいくことで、見通しを持ち自ら学びに向かっていくことができるようになります。

授業全般の問いかけ

3 比較から考えを深める問いかけ

学習をよりよくしていくために「分類する」「関係づける」など、様々な思考の方法がありますが、**「比較する（比べる）」**は、それらの思考の基本になります。「比較する」とは、「違うこと」「同じこと」「似ていること」などを見つけることです（高橋2022）。

「何と比べるか」「どのように比べるか」など、「比較」の対象と方法を意識し、場面に応じて問いかけを使い分けることで、学習をよりよくしていくことができます。「比較」を通して学習がよりよくなったという経験を積み重ねることで、子ども達自身の比較する力も高まっていきます。

1 何と比較するかを意識する問いかけ

比較することが、学習をよりよくしていきます。ただし、比較の問いかけを行う際には、何と何を比較するか、なぜ比較するのかを整理し、明確にしておきます。比較する経験を積むことで、学びが豊かになり、自分のものになっていきます。

①材と材との比較（材との出合い・問いを出す・学習を深める）

学習材同士を比較する問いかけを行うことで、学習のきっかけをつくったり、学習を深めたりすることができます。

たとえば、算数で学習問題を提示したときに、「前時の問題と比べるとどこが違う？」と問いかけると、問題の違いが焦点化され、本時の取り組むべき課題が見えてきます。国語では「○○と△△は、意味は似ているけれど、使う場面はどう違うかな？」と、それぞれの言葉を比べることで、言葉の解釈をより深くすることができます。

②自分と友達との比較（学習を深める）

学習の成果物（国語の作文・算数の式・社会の意見文・図工の作品など）を比較する場合は、「自分の作文と比べて、言葉の使い方で違うところはどこ？」「自分の作品と比べて、色の使い方ですごいと感じるところは？」など、どのような観点で比較するのかを明確にしておきます。観点を提示して比べることで、対象物をより細かく観察することができます。

③これまでの自分と今の自分の比較（振り返り）

自分の変化を比較すると、成長を自覚化することにつながります。たとえば、振り返りの場面において、「これまでの自分と今の自分を比べると？」という問いかけを行うと、できるようになったことに焦点が当てられ、成長を実感することができます。

2 どのように比較するかを意識する問いかけ

同じ比較でも、違いを見つけるのか、同じところを見つけるのか、似ているところを見つけるのかを意識して問いかけることで、比較の仕方が違ってきます。

これまでの問題と似ているところは？

これは算数で見通しを持つ場面での問いかけです。子どもは既習事項との共通点を見つけ出そうとします。それによって、どんな知識を使って解いていけばよいかという見通しが立ちます。それは、単元の見方・考え方を意識することにもつながっていきます。

二つを比べて、違いはありますか？　違いはどこですか？

違いを見つける問いかけは主に、問いをつくったり、課題を焦点化したり、学習を深めたりする場面で有効です。たとえば、社会科で資料を提示したり、理科で事象提示を行ったりする際には「二つの資料を比べて違うところは？」「今の実験の結果と自分の予想で違ったことはありますか？」と、問いかけます。資料と資料の違いや予想と結果の違いを言葉にしていくことで、「なぜそうなっているのか」という問いが子どもに生まれます。あるいは算数科の時間に、見通しを持つ場面で、「昨日の問題と比べ、違うところはどこですか？」と問うと、既習事項との違いを見つけ出し、本時の解決すべき課題が焦点化されていきます。

目的に応じて比較の問いかけを使い分けることで、子ども達自身に比較する力と比較する場面を判断する力が身に付いていきます。そのためには、比較を通して見つけた「同じところ」「似ているところ」「違うところ」を、その後の学習に活用していくことが大切です。学習がよりよくなる経験を積み重ねることで、子どもは自然と比較するようになります。

4 「主張・根拠・理由」を意識する問いかけ

論理的思考力を高めていくために、子ども達同士が話し合うとき**「主張・根拠・理由」**を明確にすることが大切です。**主張**するとき、その根拠となるものと理由は異なります。**根拠**とは、証拠資料のことで、主張を支えるものです。どうしてその資料からその主張ができるのかを説明するのが**理由**になります。

まずはこの三つを使い分ける意識が教師に必要です。根拠・理由を教師の問いかけによって明確にしていくことで、子ども自身が「主張・根拠・理由」を意識できるようになっていきます。

1 根拠を探る問いかけ

根拠を明確にすることで、主張に説得力が生まれます。たとえば、国語科の学習では叙述、社会科の学習では資料から読み取ったデータ、理科の学習では実験の結果などを根拠とすることができます。

どの文からそう考えた？

この資料のどこの部分に着目した？

問いかけにより、根拠が明確になると、主張と根拠の違いに自覚的になり、解釈する力が高まっていきます。たとえば、国語科の物語文で登場人物の気持ちを想像した場面では、「どの文から？」「特にどの言葉から？」と根拠を探る問いかけを行います。叙述に意識を向けることで、言葉を拠り所にして考えていくことができるようになっていきます。

根拠を明確にしていくと、「書かれていることをまず読んで、その上で書かれていないことを考えることが、自分の考えである」ことに気づくようになります。

2 理由を探る問いかけ

似たような考えでも、根拠が違う場合があります。反対に根拠が同じでも違う考えになる場合もあります。それは、根拠と主張を結び付けている理由が異なるからです。理由には、子ども達が持っている既有知識やそれぞれの生活経験が反映されます。

この言葉から、どうしてそう（主張）考えたの？

この資料から、なぜそれ（主張）が言えるの？

問いかけにより理由を述べ合い、比べていくと、考えが多様に出てきます。さらに自分の考えをつくっていくには、自分の持っている知識や経験したことを結び付ければ、主張を支えるものがよりしっかりすることを経験します。

小学校低学年から中学年までは、根拠と理由が混在していることがよくあります。教師の問いかけにより、「主張・根拠・理由」を整理し、それを意識して話し合っていくようにすると、子ども達は自然と使い分けるようになっていきます。

3 根拠と理由の妥当性を検討する問いかけ

「主張・根拠・理由」が言語化されたならば、根拠と理由の妥当性を検討していくようにします。その根拠が主張につながるのかを考えていくのです。その際、一つの主張や根拠、理由に固執しないことが大切です。根拠や理由を出し合い、複数を比べながら検討していくことで、多面的・多角的に物事を見る力の獲得にもつながっていきます。

（資料）から、○○と考えたんだね。それって本当にそうかな？

△△さんが（資料）から、○○と考えたのはなぜだろう？

「主張・根拠・理由」のどれか一つに着目して問うわけではなく、状況に応じて使い分けながら、三点セットで考えていくことが大切です。子ども達は主張のもととなった根拠同士を比べたり、なぜそう考えるかの理由を比べたり、根拠と主張をつなぐ理由の妥当性を検討したりしていきます。「主張・根拠・理由」を意識して話し合うことで、考えが質的に深まり、論理的思考力・表現力が高まっていきます。

授業全般の問いかけ

5 視点と視点をつなげる問いかけ

子ども達はこれまでの生活経験や知識と学びを結び付けることで、学びを更新していきます。**視点と視点をつなげること**ができるようになると、ものの見方が広がり、より深く学ぶことができるようになります。子ども自身が学びをつなげることができれば学びが連続し、より自立的に学んでいくことができるでしょう。

　では、子ども達一人ひとりの内側とつなげ、自ら使える知識や学ぶおもしろさを得られるようにするために教師はどのように問いかけていくとよいのでしょうか。

1 これまでの生活経験や学びとつなげる問いかけ

子ども達はこれまでの経験の中で、多くのことを無自覚に学んでいきます。経験と学びとのつながりを見出せるような問いかけを意識してみましょう。

○○（学習のキーワード）といえば？　○○と聞いてどんなことが思い浮かぶ？

○○について、今までどんなことを学習してきた？

一人ひとりがその子らしい気づきを発散する中で、新しい学びとのつながりに気づきやすくなります。抽象的に自分の考えを発言する子どももいますが、その裏側にある子どもの経験や既有知識を引き出すことを意図した問いかけは子どもに気づきを促します。

どこからそう考えたの？　どうしてそう感じたの？

子どもは考えの根拠を明らかにすることができます。他方、教師は問いかけたことによって、子どもの内側にあるものを引き出すことができます。

2 視点と視点をつなげる問いかけ

視点と視点の関係性を問い、つながりや変化、共通点や相違点を見出すことで、より抽象的な概念を獲得することができます。

○○すると、△△はどのように変わる・どうなる？（関係性や変化に着目する）

○○の立場では？（違う視点から見る）

○○と△△の共通点は？　どちらにも言えることは？（比較から共通点を探る）

社会科「お店ではたらく人」の学習で、魚を捌くサービスに着目した授業をするとします。その際に、「そのサービスがあるとどうなる？」と問うと、社会的事象の意味やお客さんのメリット（立場や関係性）に目が向きます。そこで、「お店の人にとっては？」と問うと、「儲かる」「お客さんのためになって嬉しい」と、違う視点から見ることによって、お互いの関係性にも気づくことができます。やがて学習終末の段階になると、「お店の人は、お客さんに喜んでもらうためにいろいろ工夫している」など、概念的知識の獲得が窺《うかが》える発言をするようになります。

3 これからの学びや生活につなげる問いかけ

学んだことを生かす場面を想定することで、学びと生活とが結び付きやすくなります。

この学びはどんな場面で生かせそう？　生活のどんなところで使えそう？

これからの学習でどんなことがしたい？

学んだことをどう活用したいか子ども達に問いかけることで、「学んだことを伝えたい」「平行四辺形の面積の求め方を生かせば、他の図形の面積も求められそう」などと子ども自身が学びを創り出していきます。教師は、教科と教科や学年、生活とのつながりを意識して学びをデザインする力をつける必要があります。教材に対して、広くつながりを見出せるようアンテナを張り、子ども達に気づきが生まれるような問いかけを考える教師自身の習慣こそが、「つながり」を見出す子ども達を育てていくことになるのです。

授業全般の問いかけ

6 具体と抽象を往還する問いかけ

授業中、具体的なエピソードに対して「そういうことか！」とピンとくるのは、子どもが自分の中に既に持っている知識や経験とつながったときです。具体の話は分かりやすいものの、汎用的な知識を獲得できず応用の効かない理解に留まることもあります。一方で抽象度が高いと、理解と結び付かず、感覚的に物事を捉え、分かったつもりになることもあります。

物事をより正確に捉えるようにするためには、具体と抽象の世界を往還することが大切です。そのためには、教師が子ども達の発言をもとに**具体と抽象を往還するような問いかけ習慣を意識する**とよいでしょう。

1 具体化するための問いかけ

子ども達が具体的に考えられるよう『いつ』『どこで』『誰が』と絞った問いかけを用いると、より具体的に考えることができるようになります。

時々、子ども達の発言が、抽象度の高いまま進むことがあります。そんなときは、具体化を促す問い返しをすると、全員がイメージしやすくなります。また、具体をたくさん出した後に抽象度の高い発言に立ち返り、整理することで子ども達が自然と具体と抽象の往還を意識することができるようになっていきます。具体を多く出すことができれば共通点を見出しやすく、概念的理解へとつながりやすくなります。

具体と抽象を類別したり、矢印で結ばれたりする板書になっていれば、子ども達の思考を整理する手助けになるでしょう。視覚的に示すことも意識しましょう。

たとえば？　詳しくいうと？　具体的にいうと？

このように問いかけ、具体例をいくつも出すことができればより「分かる」に近づいていきます。

学習のまとめの際に分かったことを整理しながら、「スーパーマーケットにはたくさんの工夫があったね。たとえば？」と、具体的なものを想起させる問いかけは有効です。時々、「『たとえば』をいくつ挙げられる？」などと複数の具体を想起させる場を設けると、抽象化との往還が促せます。

具体化することで、他者に伝わりやすいという実感を子ども達が得れば、普段の発言の際にも「〇〇が大切です。たとえば……」と具体と抽象を使い分けながら、説明するようになります。そうした子どもの姿を価値付けていくことで、子ども達は具体化と抽象化を往還することが容易になります。

2 抽象化するための問いかけ

複数の具体例を出した後に抽象化することで、汎用性の高い知識を獲得することにつながります。子ども達が複数の具体で捉えたら、それらを一括りでまとめる問いかけをします。

つまり？　ズバリ？　一言でいうと？　簡単にいうと？　まとめると？

（単元の学習課題に立ち返り）このことについての答えは見つかった？

簡単に図や言葉にまとめると？

学びの終末で概念を獲得する際に、抽象化して「分かる」ということは、一人ひとりの生活経験や既有知識との関連付けが行われたということです。

学級にいる子ども達の数だけ理解のプロセスがあります。一人ひとりが「分かる」ために、子ども自身が具体と抽象を往還する習慣を身に付けられるよう教師は問いかけていくことが大切です。

子ども達の発言をよく聴くと、「たとえば」「つまり」などの接続語をよく使っています。その瞬間を教師が見逃さず、問いかけを用いながら価値付けていくことで、具体と抽象を往還する思考の仕方が育ちます。

7 学びを言葉にする問いかけ

自立した学び手になるために、自らの学びを自覚化することが必要です。

そのためには、**学んだことを言葉にする問いかけ**をします。何ができるようになったのか。どのように考えたのかを自分の言葉にしていくのです。

ただし、子どもの学びの過程は複雑で、初めから自らの学びを言葉にしていくことはできません。教師が問いかけ、行動や思考を焦点化することで、子ども達は学びの過程の中から自分自身の学びに大切だと思うことを選び、自分の言葉で表現することができるようになります。学びを自覚することで、次の学びへと自ら進んでいくようになるのです。

1 子どもが「選ぶ」問いかけ

授業中、子ども達は「先生、見て」と、自分の学びの成果を教師に見せにきます。算数の問題を解いたとき、国語で作文を書いたとき、体育で跳び箱を跳んだとき……。子ども達は、自分の頑張りを見てもらいたいのです。しかし、学年が上がってくると、「先生、これでいいですか？」と、「できているか」「できていないか」の判断を教師に仰ぐ場面に遭遇することが多くなります。

指導と評価は表裏一体の関係にあるので、教師が指導したことに対して、子ども達が理解しているかの評価をしなければなりません。しかし、教師が一方的に子ども達の学びに対して判断を下し、評価して「できている」「できていない」を伝えるだけではもったいないです。子ども達自身に、自らの学びに自覚的になってほしいのです。

まずは、子どもの作品やノート、撮影した動画など、子ども達が学び、生み出した成果物の中から「ここがうまくいった！」などを自分で選べる問いかけから始めましょう。

この計算で特に頭を使ったところはどこ？

この作文でうまく書けたところは？

実際に自分が書いた作文や作品、ノートの中から具体的に選ぶことで、複雑な学びの過程の中から自分の思考や行動に焦点が当てられます。選ぶ問いかけを繰り返していくことで、子ども達は、自分の学びの過程に目を向けるようになっていきます。

2 自分の学びを言葉にする問いかけ

「何だか分からないけどできるようになった。問題が解けた」という状態ではなく、「自分はここを頑張ったからできた」「こんなふうに考えたからうまくいった」というように、子どもが自分の学びを言葉で語れるようにしてあげたいと思うのです。そのために、教師は、子どもの考えたことを言葉にしていく問いかけをします。

この問題を解くときに、一番気をつけたことは何？

この作文は、どんなことを意識したらうまく書けた？

子ども達自身では気づかない学びの価値やよいところを伝えるのは、教師の仕事です。すべて伝えるのではなく、学びの過程の中でよくできているところを教師が選び、そこにどんな思考が働いていたのかを問いかけます。

この意見文の具体例がよく書けているね。ここで特に考えたことはある？

教師が子どもに言わせたいことを誘導するような問いかけにならないよう注意します。教師が答えを待っていると、子ども達は先生の用意した答えを探そうとするので、子ども達が考えていたことから学びの中心となることを選び、言葉にしていく問いかけをします。子どもがうまく言葉にできないときは、教師が言葉にしてあげることも必要です。たとえば、「多面的・多角的に」など、高学年の教室で何気なく使われている言葉でも、実はよく理解していないことがあります。そのときは、「『多面的・多角的に』って、どういうこと？」と問いかけます。

問いかけを積み重ねることで、子ども達は自分の学びの過程に目を向けるようになります。何ができるようになったのか、どのように考えたのか、何に悩んだのか、などを言葉で表現し、学びを自覚することで、自ら次の学びへと進んでいけるのです。

8 問い続ける子どもを育てる問いかけ

教師は問いかけを通して、子ども達の学びを刺激し、問いや深い学びを誘発していきます。しかし、それだけでは、子どもが自立して学びを進めるようにはなりません。子ども自身の「問う習慣」を育て、自ら学びを発展させていけるようにしていくことが大事です。教師はそれを見通し、子ども達の問う力が育まれていくよう年間を通して、意図的にかかわっていきます。問う力が高まってきた子どもをその後も自ら学ぶようにするには、「学びを支える」「これまでやこれからの学習とのつながりを自覚化する」「学びを発展させる」問いかけを意識していくとよいでしょう。

1 学びを支える問いかけ

子どもは無自覚に多くのことに気づいています。しかし、表現が拙く、すべてが表に現れないことも多くあります。教師は支えることを意識して、子どもの心の奥底にある気づきを引き出し、学びを自覚化できるような問いかけをしていきます。気づいたことを受け止めてくれる人、もっと聴きたいと思ってくれる人がいるということは、子ども達にとって一番の支えになります。

そうか。思っていた通りになったんだね。（発言を受け止める）

おもしろいね。それで？（続きを促す）

よく気づいたね。ここの部分はどうだったの？（別の視点を引き出す）

2 これまでとこれからの学習とのつながりを自覚化させる問いかけ

学びが連続するということは、本人が問い「続ける」ことでもあります。子ども達が学びの連続性を自覚できるよう、「今まで考えてきたこととつながりそう？」と、学びの手応えを実感できるように問いかけていきます。

問いが生まれることで、子ども達の学びは次へと向かいます。材に対して没頭しているときは、子どもの内側に大きな期待が生まれているときです。「次はどうしたい？」と、問いかけ、子どもの興味を引き出しましょう。

3 学びを発展させる問いかけ

子ども達が自ら学びを進められるようになったからといって、教師の問いかけが要らなくなるわけではありません。教師は子どもの学習過程を見取り、一人ひとりの学びがさらに発展することをねらって、問いかけ続ける必要があります。

教室全体を見渡しながら、子ども達の学びを捉えているのは教師だけです。個々の考えを見取り、それらを組み合わせることで化学反応が起きることを期待して、結び付ける役割をします。

〇〇さんも同じようなことを考えていたよ。〇〇さんとつながりそうだね。

根拠を問い、ゆさぶることもします。学びの本質に迫れるよう、一人ひとりの学びが加速することをねらい、意図的に問いかけることも大事です。

どうして〇〇だと言えるの？　もう少し詳しく教えて。

少し学びが停滞していると感じても、『あえて問いかけない』こともあります。その子が、試行錯誤することが今後の学びに価値をもたらすと判断した場合は、見守ることがその子の学びを育てることになることもあるからです。

このように、教師が子ども達一人ひとりの「いま」を見取り、その子の学びが一歩進むように問いかけていくことが子どもの学びを支えます。ただし、いくら子ども達を見取っているつもりでも、教師自身が気づかないこともたくさんあります。教師が子ども達に敬意を払えば、子ども達は自ら教師にいろいろなことを教えてくれます。教室を誰もが成長できる環境に整えることも教師の役割です。

授業場面別の問いかけ

1 学習材と出合う場面の問いかけ

単元導入の学習材との出合いの場では、子ども達一人ひとりが材に浸ることが大切です。材に対しておもしろさを感じることができれば、学びの原動力となり、追究したい意欲が湧いてきます。同じ材を見て感じた気づきは、一人ひとり違います。その違いを重ねることで、新しい視点を獲得し、おもしろさを感じ、対象世界へと没頭していきます。

こうした経験を重ねていくと、子ども達が材との対話を通して、問いや予想、見通しを持ち、単元で学びたいことを見つけ、自ら学びを進めていく力が育っていきます。

1 材との出合いでは「あえて問いかけない」

初めての材との出合いの場では、事象や資料、単元名などとじっくりと向き合う場面を保障することを意識するとよいでしょう。反応がないとついつい焦ってしまいますが、個々に気づきが生まれる瞬間はそれぞれ違います。初めて出合う材との時間を大切に、じっくりと待ちます。そうすることで、じわじわと子ども達の発言が生まれていきます。その気づきを教師がファシリテートしながら重ね合わせ、学びに向けていくことを日々積み重ねていくことで子ども達の学びを進める習慣がつきます。材との出合いで、既有経験に加えて新規の経験ができそうだという期待が高まると、子どもも教師も胸が高鳴ります。

もし、学級の育ちから気づきが生まれにくいことが想定できるのであれば、次のように問いかけてみましょう。

（資料や単元名など）から何か気づくことはないかな？

何について話してよいか分からないと感じる子もいます。個々に気づいた視点に価値があることを教師が認めることで、たくさんの気づきが生まれる学級に育っていきます。

○○（学習のキーワードなど）といえば？

イメージを広げていくような問いかけもします。既有知識や独自の経験からその子らしい気づきが生まれるようになってきます。

（マスキングして）ここの部分はどうなっているかな？

視点を絞ることで、ものを見る視点や教科の見方・考え方が子ども達に育まれます。

2　一人ひとりの気づきを重ねる問いかけ

①材に対する気づきを発散させ、拡散的思考を促す問いかけ

材に対して自分なりの思いを持つと「気づいたことを話したい！」という気持ちが芽生えます。一方、なかなか思いを持てない子もいます。そのような姿を見取ったら「近くの人と話してごらん」「近くの人はどう見ているかな」と問いかけ、発散を促します。

②気づきを広げ、重ねる問いかけ

友達の考えと自分の考えを比べながら、考えを発展させていけるよう、問いかけていきます。お互いに聴き合うことで、新しい気づきや問いが生まれます。

この考えは誰に似ている？

今の話はどこ（視点や既習事項など）とつながる？

友達の考えを捉えることができるようになると、物事を広く見たり、視点と視点をつなげたりする力も育っていきます。

3 一人ひとりが材と向き合い直す問いかけ

今日の学習を通してどんなことが心に残った？

この先どんなことを考えたいかな？

材との出合いと気づきの共有を経て、自分の学びがどのように変化したかという過程に目を向けられるように日々問いかけていきます。個々に様々な気づきがあるはずです。

2 課題設定の場面の問いかけ

課題設定の場面で、未知の課題に取り組むためには、既習事項とつなげることが大切です。そのとき、教師はファシリテーターとして「つなげる問いかけ」や「整理する問いかけ」「焦点化する問いかけ」を行います。既知のことと未知のことを区別したり、把握したりすることで、子ども達は何を解決すればよいのかが明確になっていきます。

子どもが課題を掴めるようにするには、あらかじめ用意していた問いを順番に投げかければよいわけではありません。目の前にいる子ども達の考えをじっくりと聴き、柔軟に問いかけていきましょう。

1 未知の課題と既習事項をつなげる問いかけ

課題設定の場面では、未知の課題と既習事項をつなげながら、今までに学習したことを使って課題解決ができないかを最初に考えるようにします。中学校2年生の数学で連立方程式の内容に新たに入るときは、授業の導入で黒板に連立方程式の例題を示した後に、

この問題は、今まで習ったこととどんなところが違う？

と、「既習事項とつなげる問いかけ」を行います。すると、子ども達は今まで学習したことと似ているところや違うところを探し始めます。なかなか違いを探せない子どもには、

今まで学習した一次方程式とどんなところが違う？

と、問いかけてみましょう。そうすると、子どもは具体的にどの既習事項と比べればよいのかが分かり、それに対する違いを考えるようになります。

2 整理する問いかけ

連立方程式は、どんなところが難しそう?

「整理する問いかけ」を行い、課題を解決するために既習事項と違うところを全体で共有し、未知の部分を明確にしていきます。未知の部分を明確にすることで、何を解決しないといけないのかを整理していきます。

「整理する問いかけ」をすると、「分からない文字が二つあるのが難しそう」「式が二つあるのが難しそう」など、既習事項と違うところが明確になり、それを全体で共有することができます。

こうしたプロセスを踏むことによって、子ども達にとって未知の部分を明確にすることができ、何を解決していくべきなのかを整理することができます。

3 焦点化する問いかけ

課題を掴むために、未知の課題と既習事項をつなぎ、何を解決しなければならないのか

を整理したら、

じゃあ、連立方程式の問題はどうすれば解決できそう？

と、「焦点化する問いかけ」を行います。すると、「今は分からない文字が二つあるから、分からない文字が一つになればできそう」「二つある式を一つにすれば解決できそう」と、課題を焦点化することができ、どうすれば解決できるのかが子どもにも見えるようになります。

教師が課題を設定し、教えるだけでは、自ら課題設定をする力は子どもに身に付きません。未知の課題に取り組むために、まずは既習事項とつなげる問いかけを習慣にしましょう。やがて子ども達は自分自身が既に持っている知識や経験を駆使しながら、未知の課題を解決しようとします。

既有知識や既有経験を新たな学習につなげる中で、子ども達が新規の経験ができそうだと期待を持つなど、わくわく感を持つことができたら最高です。期待感があると、子どもの心が踊《おど》り、学びの意欲が一層強固になるからです。

3 問いを立てる場面の問いかけ

学習に向かっていくときに自分の問いがあると、「どうしてだろう？」「もっと知りたい！」と感じ、自分から進んで取り組むことができます。

さらには、知識と知識をつなげたり、比べたりすることも大切にするようになります。たとえば、国語科の学習では、登場人物の心情を把握するために自分の問いがあると、叙述と叙述をつなげたり、場面と場面を比べたりしながらじっくり読むことができます。

教師の問いかけは、自分から進んで学ぶきっかけとなる子ども自身の問いを支えることができます。

1 読む前と読んだ後をつなげる問いかけ

学習材に出合った場面と、実際に取り組んだ後の気づきをつなげるための問いかけです。

読む前に想像していた通りのお話だった？

「題名を見たときは、悲しいお話なのかなと思っていたけれど、読んでみると温かく人の優しさを感じるお話でした」と、子どもは読む前に感じていたこととつなげながら感想を言葉にすることができます。

どの学習でも1時間目での自分の学びの現在地を残しておくことは大切です。そこで、146ページの「現在地を整理し、問題を焦点化し、見通しを立てる問いかけ」にもあるように、何を「分かっているのか」「分かっていないのか」を整理する時間を確保するようにします。国語科においては、整理する時間として「初めて読んでの感想を書く」という時間をつくります。

自分が考えたこと、気づいたこと、まだはっきりしていないことは？

今の自分の現在地を言葉にすることができるように、一人ひとりへと問いかけていきます。もちろん既に、読む前と読んだ後の気づきがつながっていれば、教師の問いかけによる支えを必要としない子もいます。一人ひとりの様子を見取り、その子が今日の学習を通して感じたこと、考えたことを整理する時間を大切にします。

2 考えの根拠を明確にする問いかけ

初めて読んでの感想を一人ひとり読んでみると、同じように「悲しいお話だった」と書いていても、悲しいと感じた場面が違っていたり、注目している人物や叙述に違いがあったりすることがあります。だからこそ、154ページの「『主張・根拠・理由』を意識する問いかけ」にもある根拠を明確にする問いかけが有効です。

悲しいと感じたのはどの文（場面）から？

他にも、「誰がかわいそうだと思ったの？」というような問いかけも根拠を明確にすることへとつながります。一人ひとりの考えの違いをはっきりさせるために、自分は誰に共感しながら読んでいたのか、どこに注目しながら読んでいたのかを見つめ直すきっかけを問いかけでつくっていきます。

3 自分の問いを課題解決へとつなげる問いかけ

根拠に着目させることで、「よく分からないこと」「まだはっきりしていないこと」が見つかると、それが自分の問いになります。「どうしてだろう?」「もっと知りたい」と思うようになるのです。

次の時間から考えていきたいことは?

今、一番気になっていることは?

子ども達一人ひとりの「自分の問い」を大切にするために、一人ひとりの学習過程がつながるように問いかけます。問いかけによって、子ども達が何を考えながら学んでいったのか、その過程を子ども達自身で整理すること、言葉にしていくこと、さらには次の学びへとつなげていくことを大切にします。

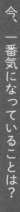

4 課題解決の場面の問いかけ

困り感を共有するために、まず**「困り感を個人で整理する」**問いかけを行い、分かっていることと分からないことを明確にしていきます。

個人で困り感を整理することができたら、**全体で「困り感を共有する」ための問いかけ**を行い、他者と協働しながら未知の課題に取り組みます。

これからの時代は、未知の課題に対して、一人ひとりが自分の知識や考えを持ち寄り、交換して考えを深め、統合して解を見出すことが、一層求められています（片山２０１６）。

1 困り感を個人で整理する問いかけ

協働学習や、全体の場面で「分からないから教えて」と、助けを周りの友達に口にできることはとても大切なことです。

しかし、何が分からないのか、どこで困っているのかが明確でなければ、助けを求められる子どもも困ってしまいます。そこでまずは、一人でじっくり考える時間をとり、自分の中で「分かっていること」「分からないこと」を整理するようにします。戸惑っている子どもがいれば、

分かっていることと分からないことをノートに書きだしてごらん？

など、「困り感を個人で整理する問いかけ」を行い、分かっていることだけでなく、分からないこと、困っていることも書き出すように声をかけます。どこで困っているのかを個人の中で整理していくと、友達と一緒に考えたいこともやがて明確になってきます。

たとえば、中学校2年生の数学で、「どうすればn角形の内角の和を求められるのか」という課題を提示した場合、「まずは、一人で考えてみましょう」と、個人作業の時間を

設けます。中には、どうすれば解決できるのかが分からず、手が止まっている子どももいるでしょう。何も手を付けられていない子どもを見かけたら、机間指導を活用して、

○○さんは、今、どこで困ってる？　自分の言葉で言ってごらん。

と、個人に対して問いかけます。それでも答えるのを躊躇する子どもには、「三角形の内角の和は？」と考えるきっかけとなる問いかけをします。すると、「三角形の内角の和は180度、四角形の内角の和は360度、だけど五角形の内角の和がどうすれば求まるのかが分からない」と、「分かっていること」と「分からないこと」が本人に分かるようになります。

　このように、ノートに書き出していくことで、「分かっていること」と「分からないこと」が個人の中で整理されます。

2 困り感を共有する問いかけ

一人で考えたときに出てきた困り感を、次はグループや教室全体で共有するために、

みんなで一緒に考えたいことはどんなこと？

など、困っていることに着目しつつ、それを共有するための問いかけをしていきます。もし、誰も言い出す子どもがいなければ、

○○さんは、どんなことに困っていますか？　分からないことがあるから、こうやってみんなで学んでいるんですよ。

と、やわらかく問いかけると、「五角形の内角の和までは、知っているんだけど、どうすれば六角形や七角形の内角の和が求められるのかが分からないので一緒に考えたいです」と、困っていることを伝えやすくなります。そのとき、頷いている子どもがいれば、

△△さん。今、頷いていたけど、○○さんの言ってたところと同じところで困ってるの？

と、輪を広げるように問いかけます。すると、「私も、六角形の内角の和で悩んでいました。でも、実際に六角形を描いてみると、六角形の中に三角形が四つできたので、720度と分かりました」と、考えるヒントを引き出すことができます。困り感を共有しながら一緒に考え、解決することが習慣になると、他者と協働することが楽しくなっていきます。

授業場面別の問いかけ

5 個の発展を支える場面の問いかけ

自分の問いの課題解決に向けて、困り感を共有し、解決の糸口を見つけた子ども達は、自分の考えをつくることへと向かっていきます。その過程において、自分の考えを見つめ直したり、考え直して付け足したりすることも大切です。自分の考えを再構築するには、子ども達の考えを見取り、「この子とこの子が考えを聴き合うことでよりよい気づきが生まれそうだ」と感じたら、仕掛けとして**子ども同士を結び付ける問いかけを意図的に行**っていきます。

1 聴き合う相手と目的をはっきりさせる問いかけ

教師として、子ども達一人ひとりの学習過程を見取っているからこそ、「この子とこの子が考えを聴き合うことでよりよい気づきが生まれそうだ」ということに気づけます。

たとえば、国語科においては、「物語の悲しさに注目している子同士」、社会科においては「製造工程に注目している子同士」で聴き合うと、お互いの考えを比べ合ったり、確かめ合ったりすることができます。

今日は（次の時間では）どんな相手と考えを聴き合いたいですか？

教師は、子ども達一人ひとりが自分の現在地に合わせて相手を選ぶことができるようにしたり、聴き合うときの目的意識を明確にしたりすることができるように問いかけます。「まだ分からないことがあるから、同じことに注目している友達に相談したい」「もっといろいろな考えを知りたいから、違うことに注目している人の話を聴きたい」というように聴き合う相手や目的がはっきりすることへとつなげられるよう支えていきます。

2 子ども達同士を結び付ける問いかけ

聴き合うときに大切にしたいことは？

「大切にしたいことは何か」を聴き合う前に問いかけると、「似ているところと違うところを確かめながら聴く」など、相手の考えと自分の考えをより意識するようになります。

一人ひとりが目的を持って聴き合っているときは、教師はそっと見守ることに徹します。聴き合っている様子を見取っていて、支援が必要だと感じ取ったときは、次のように問いかけてみましょう。

○○さんの意見を聴いてみて、△△さんはどう思ったの？

自分の考えと似ているなと思ったところは？

お互いの考えが見えるように整理する支援をします。実は、教師の問いかけ以上に大切にしたいことは、子ども達同士で問いかけ合えるようにすることです。お互いがよりよく聴き合い、問いかけ合えるように、子ども達同士を結び付けていくのがポイントです。

3 聴き合いを振り返るための問いかけ

友達と聴き合っているときに考えていた「おもしろいな」「もっと知りたいな」「まだよく分からないな」と思ったことを言葉にして、残しておくことが考えの再構築につながります。聴き合いを振り返るためには、次のようにどんなことを振り返ったらよいかをはっきりさせるよう問いかけます。

聴き合っているときに考えたこと、気づいたこと、まだはっきりしていないことは？

聴き合う前の自分と今の自分を比べると？

このように問いかけると、「もっと知りたいこと」や「まだよく分からないこと」を見つけることができ、これから考えていきたいことが明確になってきます。これまでの自分と今の自分を比較することもできて、新たな気づきが得られることもあります。

6 ゆさぶる場面の問いかけ

子ども達が「こうなっているに違いない」「これしか考えられない」と、偏った見方をしているときは、子ども達が考えていることと反対のことを問いかけてゆさぶると、「そういう考え方もあるのか」と気づいたり、「いや、自分の考えが正しいと思う。だってね……」と自分の考えの根拠を見つめ直したりするようになります。

ゆさぶる問いかけによって一人ひとりの「いま」の考えがゆさぶられ、立ち止まって考え直すことで、また新たな見方や考え方を得ることができるようになっていきます。

1 子ども達の「いま」をゆさぶる問いかけ

これまでの経験を通して、「こうなっているに違いない」「これしか考えられない」と偏った見方をしてしまうことがあります。そうした様子を捉え、その解釈をゆさぶるために、次のように問いかけてみてはどうでしょうか。

それって本当にそうかな？

先日、総合的な学習の時間で、地域にある商店街を盛り上げるために、オリジナルのキャラクターをつくったり、よさを伝える活動をしたりしました。子ども達は、自分達の力でキャラクター総選挙というイベントを企画・運営をし、イベントも大盛況で終わりました。そのあとイベントを振り返っているときに「自分達の活動で本当に人を集めることができたのかな？」と問いかけました。すると「イベントのときだけ人が集まったらいいわけではない」「商店街を好きになったからお客さんがずっと来てくれて、にぎやかな町になると思う」と、心で感じてもらうことの大切さに気づき、次にどんな活動が必要かを自分達で考え始めました。

2 教師発信ではなく、子ども起点のゆさぶる問いかけ

教師が「いま」の考えをゆさぶる問いかけを大切にしていると、子ども達同士でも互いにゆさぶる問いかけをし合いながら、考えを聴き合うことができるようになっていきます。「この商店街ならではのよさ」について考えを聴き合っているときに、ある子が「商店街のよさって変わるものなのかな？　ずっと変わらないよさもあるんじゃないかな？」と、全体へ問いかけたことで、「ずっと変わらないこの商店街のよさ」に注目し始めたことがあります。それによって、「商店街の人達はいつでも優しくかかわってくれる」「長い歴史と伝統を受け継いでいる」といったずっと変わらないよさや商店街全体で大切にし続けているよさもあることに気づくようになったのです。

3 ゆさぶる問いかけにまつわる失敗

新たな見方や考え方が得られたり、自分の考えの根拠をつくったりするきっかけとしてゆさぶる問いかけをするのは有効ですが、目の前にいる子ども達の学びの過程を捉えずに言葉だけを投げかけてしまうと失敗します。大切なことは、子ども達が「いま」何を考え

ているのか、どこに向かおうとしているのかという、一人ひとりの学びの現在地を捉えておくことです。筆者はゆさぶる問いかけで、過去に失敗したことがあります。

先生は、〇〇の方がよいと思うんだけど？

子ども達がよいと思っていることに対して、わざと反対の考えに寄った問いかけをしたのです。すると、「先生が言うなら私もそう思う」「本当は違うと思うけど、先生に合わせよう」と、子ども達がわざと行った問いかけに、意図に反して一斉に従ったのです。失敗の原因は、子ども達がまだ自分の考えをつくっている最中だったにもかかわらず、安易にゆさぶってしまったことにあります。タイミングを見誤ったことで、子ども達は考えるのをやめてしまったのです。他にも、「そもそもこれって必要なのかな？」と、急に問いかけたことで「どういうこと？」と混乱させたことがあります。「偏った見方をしてほしくないから早めにゆさぶる問いかけをしておこう」と焦ったり、「授業の中盤には、必ずこのゆさぶる問いかけをするんだ」と決めすぎたりしてしまうと失敗してしまいます。

ゆさぶる問いかけは新たな考えや見方が得られるというよさもありますが、ちゃんと目の前にいる子ども達の学びの過程を捉えて問いかけないと失敗します。

7 振り返る場面の問いかけ

振り返りは、子どもが主体の授業を実現するために必要不可欠な行為です。しかし、「今日の学習の振り返りをしましょう」という指示だけでは、何をどう振り返ればよいのか困ってしまう子どももいます。

振り返ることで学びがよりよくなるために、**何を振り返るのか**を明確にすることが大切です。子ども達は自分の学びの過程に目を向け始めると、学びに自覚的になっていきます。さらに、振り返ることを振り返る問いかけを行うことで、振り返り自体の価値を実感します。子ども達の「振り返る力」を高めることで、自立した学び手となっていくと考えます。

1 自分の学びに目を向ける問いかけ

振り返りを行うと、「〇〇が分かりました」「△△がおもしろかったです」と形式的な振り返りになってしまいがちです。学習の結果のみに目を向けてしまい、自分の学びの過程に目を向けることができていないからです。学習での振り返りは、学習のまとめとは異なります。どのように考えたのか、どのように学んでいったのかを振り返り、徐々に言葉にしていくことを目指します。

（黒板を指さし）この中で、今日の一番のポイントはどこですか。

今日の学習で一番、悩んだところや頭を使ったところはどこですか。

子ども達が、板書やノートを見返し、本時の学習過程を振り返ることができるように付帯的に「どこか?」を問います。板書やノートから選ぶことで、自分の学びに目を向けます。学びの過程の中から「選ぶ」ことを大切にしてもらうため、子どもに考える時間をできるだけ保障します。理由も尋ねると、子どもの思考したことが言葉にされていきます。

2 自分の学びを言葉にしていく問いかけ

子ども達が学びを言葉にするためには、言葉にできるだけの学びが授業の中にあることが大前提です。教師は、授業のどこを中心に振り返ると学びが深まっていくのかを考え、問いかける言葉を選んでいくことで、振り返りが次の学習へとつながるようになります。

今日の学習で、大切だと思うことは何ですか？ それはなぜですか？

今日の問題はどのように考えたらうまくいきましたか？

たとえば、学習内容に焦点を当てたいのであれば、「……なのは何ですか？」や「ポイントは？」と問いかけます。次の学習につなげたいときは、分かったことだけでなく、「分からなかったことは？」「モヤモヤしたことは？」と問いかけます。思考過程や学習過程に焦点を当てたい場合は「どのように？」と、変容に焦点を当てたいのであれば、「変わったところは？」「成長したところは？」と問いかけます。子ども一人ひとり学びどころは違うため、振り返りは、オープンエンド型の拡散的思考を促す問いかけが望ましいです。

3 振り返りを振り返る問いかけ

授業の中で行う振り返りが、子ども達にとって受動的なものになってしまってはもったいないです。子ども達自身が、「振り返りは自分の学びをよりよくするもの」として、学習の中で自然に行うことができるようにしたいものです。そのために、「振り返りを振り返る場」を意図的につくり、振り返ることの価値に焦点を当て、問いかけていきます。

振り返りをすると、どんないいことがある？

振り返りを続けてきて、変わったところは？

いい振り返りとは、どんな振り返りだと思う？

子ども達は、振り返りを通じて、自分を客観的に捉えるとともに、自分の学びを多角的に捉えられるようになります。そして、学びに自覚的になることで、深い学びが実現していきます。このような経験が子どもの振り返る力を高め、自立した学び手を育てます。

【参考文献】

・片山紀子・森口光輔（２０１６）『できてるつもりのアクティブラーニング』学事出版
・高橋純（２０２２）『学び続ける力と問題解決―シンキング・レンズ、シンキング・サイクル、そして探究へ』東洋館出版社
・鶴田清司・河野順子（２０１４）『論理的思考力・表現力を育てる言語活動のデザイン　小学校編』明治図書

おわりに

本書で問いかけを取り上げた理由は、第1章でも述べた通り、日本の子ども達の自死や不登校等が気になることからです。それらは子どもが孤立していることの一つの証左ともいえます。勉強が分からないという悩みがあるのかもしれませんし、友達とうまくいかないと感じているのかもしれませんが、「先生に、友達に、あるいは保護者に、問いかけられながらちゃんとかかわってもらえていたのだろうか？」、そんなことが気になります。

子どもを孤立させない第一歩は、子どもに「問いかける」ことではないでしょうか。眠たそうにしていれば「また眠そうにしてる……怠惰な子だな」と心のうちで決めつけるのではなく、声に出して「どうしたの？」「昨日は寝られなかったの？」「何かあったの？」……。そういった日常の問いかけです。

授業中も、子どもが集中しなければ、それは授業者の責任でもあるわけですから、「これってどういうこと？」「これまでに君が習ったことと、どこが違う？」……と問いかけて、彼らの声を聞くことから授業を構成してはどうでしょうか。問いかけることで、生徒指導的な側面からも、学習の側面からも子ども達を支えていくことができるように思います。

子どもが子どもでいる時期に大人から問いかけられ、他の人に対しても問うことのできる習慣を身に付けることができれば、やがてその子どもは将来、親になり、子どもに問いかけるでしょう。そのサイクルが回っていくことを期待します。

本書は、子どもに説明したり、大事なことを伝えたり、あるべき方向を示したり……、そうしたこれまでやってきた教師の役割を否定しているわけではありません。

ただ、教育は、この世に生まれた子どもが、それぞれ幸せになるためにあるものです。その一人ひとりにとっての解は、それぞれの子どもによって異なるはずです。ですから、子どもに問いかけ、子どもを主体にし、子ども自身に考えてもらいたいのです。子どもに自由を与えながら……。そんな環境整備が教室で、学校でなされたら嬉しいです。

先進諸国では、教職の脱専門職化傾向が見られます。わが国でも、教職はブラックだと揶揄されることが増え、教員採用試験の倍率が下がっています。しかし、わが国が今後、持続可能な国でありたいとしたら、教師の価値や質が下がってよいのでしょうか。

教師という仕事は、単に学力を上げるとか、そのためだけの仕事ではなく、子どもがそれぞれに花開かせ、幸せに生きることを支える仕事であり、むしろAIが活躍するこれからの時代こそ、今以上に教師の価値や質が重要になるのではないかと考えます。本書で提案した「問いかけ」の習慣は、教師が専門職化していくための一つの大事な術《すべ》であると考えています。

最後に、明治図書の編集者 大江武文氏には、私達が学校現場に伝えたいことをうまく汲み取っていただき、的確なコンセプトで本書の形にしていただいたことに、深く感謝します。校正の江﨑夏生氏にも随分と助けていただきました。

本書が読者のみなさまの手助けになることを心より願っています。

2024年3月

片山紀子

執筆者紹介

編著者

片山 紀子（かたやま のりこ）

まえがき／第1章／あとがき

奈良女子大学大学院人間文化研究科比較文化学専攻博士後期課程修了　博士（文学）。現在、京都教育大学大学院連合教職実践研究科学校臨床力高度化系教授。著書に『五訂版 入門 生徒指導 -「生徒指導提要（改訂版）」を踏まえて』（学事出版・単著）、『アメリカ合衆国における学校体罰の研究 - 懲戒制度と規律に関する歴史的・実証的検証 -』（風間書房・単著）などがある。

お問い合わせ：noriko@kyokyo-u.ac.jp

著者

山地 芽衣（やまち めい）

第2章

東京家政大学児童教育学科を卒業後、さいたま市公立小学校で2年間正規の学級担任として、1年間非常勤の学習支援員として勤務。２０１６年にオランダの教員養成学校に留学するも、1年後にオランダ語力不足のため退学。その後、オランダ現地の日系企業に勤務しながらオランダ語の習得に励み、２０２０年に教員養成学校に再挑戦し入学。２年半後に卒業し、現在、代行教員として現地の複数小学校の教壇に立つ。

若松 俊介（わかまつ しゅんすけ）

第3章／第4章／第5章

京都教育大学大学院連合教職実践研究科修了　教職修士（専門職）。現在、京都教育大学附属桃山小学校主幹教諭。国語教師竹の会運営委員。授業力&学級づくり研究会会員。「子どもが生きる」をテーマに研究・実践を積み重ねている。著書に『教師のいらない授業のつくり方』（明治図書・単著）、『教師のいらない学級のつくり方』（明治図書・単著）、『教師のための「支え方」の技術』（明治図書・単著）等がある。

お問い合わせ：shu60515@gmail.com

古賀 太一朗（こが たいちろう）

第6章 授業全般2〜4・7、授業場面別7

唐津市立久里小学校に勤務。国語科を中心に『子どもが主語の授業』をテーマに実践・研究を積み重ねている。「せんせいのたまり場」を共同主催。福岡の教育サークル「つなぐ」に所属。

坂本 亜姫奈（さかもと あきな）

第6章 授業全般1・5・6・8、授業場面別1

札幌市立伏見小学校に勤務。社会科を中心に『子ども一人ひとりが生きる』をテーマに実践・研究を進めている。北海道社会科教育連盟・国語教師竹の会会員。

小川 辰巳（おがわ たつみ）

第6章 授業場面別3・5・6

京都教育大学社会領域専攻を卒業後、京都市立御所南小学校で7年間勤務。現在京都教育大学附属桃山小学校で勤務。生活科・総合的な学習の時間を中心に『自分らしく「かがやき」学びをつむぐ子ども』をテーマに研究・実践を進めている。京都市小学校情報研究会マイスター。国語教師竹の会運営会員。著書に『ＳＴＥＰ ＵＰ 全学年対応社会科授業アイデア』（明治図書・共著）、『自己調整学習チェックリスト：リストを用いた授業実践30』（さくら社・共著）がある。

狩屋 壱成（かりや いっせい）

第6章 授業場面別2・4

京都教育大学大学院連合教職実践研究科修了 教職修士（専門職）。大阪教育大学附属平野中学校教諭（数学科）。一般社団法人数学教育学会会員。大阪数学教育会会員。「子どもが主役の授業づくり」について研究・実践を進めている。

【編著者紹介】
片山　紀子（かたやま　のりこ）
奈良女子大学大学院人間文化研究科比較文化学専攻博士後期課程修了　博士（文学）。現在，京都教育大学大学院連合教職実践研究科学校臨床力高度化系教授。著書に『五訂版 入門 生徒指導 -「生徒指導提要（改訂版）」を踏まえて』（学事出版・単著），『アメリカ合衆国における学校体罰の研究 - 懲戒制度と規律に関する歴史的・実証的検証 - 』（風間書房・単著）などがある。

ファシリテートのうまい先生が実は必ずやっている
「問いかけ」の習慣

2024年8月初版第1刷刊　©編著者　片　山　紀　子
発行者　藤　原　光　政
発行所　明治図書出版株式会社
http://www.meijitosho.co.jp
（企画）大江文武（校正）江﨑夏生
〒114-0023　東京都北区滝野川7-46-1
振替00160-5-151318　電話03(5907)6701
ご注文窓口　電話03(5907)6668
＊検印省略　組版所　広　研　印　刷　株　式　会　社

Printed in Japan　ISBN978-4-18-241825-9